万达蜕变

王健林

WANDA

赵文锴　李军◎著

中国经济出版社
CHINA ECONOMIC PUBLISHING HOUSE
北　京

图书在版编目（CIP）数据

万达蜕变王健林 / 赵文锴，李军著.
—北京：中国经济出版社，2020.6
ISBN 978-7-5136-5844-7

Ⅰ. ①万… Ⅱ. ①赵… ②李… Ⅲ. ①王健林—传记 ②房地产企业—企业管理—经验—中国 Ⅳ. ① K825.38 ② F299.233.3

中国版本图书馆 CIP 数据核字（2019）第 187180 号

责任编辑　牛慧珍
责任印制　马小宾
封面设计　久品轩工作室

出版发行　中国经济出版社
印 刷 者　北京艾普海德印刷有限公司
经 销 者　各地新华书店
开　　本　710mm × 1000mm　1/16
印　　张　15
字　　数　200 千字
版　　次　2020 年 6 月第 1 版
印　　次　2020 年 6 月第 1 次
定　　价　58.00 元
广告经营许可证　京西工商广字第 8179 号

中国经济出版社　**网址** www. economyph. com　**社址** 北京市东城区安定门外大街 58 号　**邮编** 100011
本版图书如存在印装质量问题，请与本社销售中心联系调换（联系电话：010-57512564）

推荐序
PREFACE

从摸石头到滚雪球——王健林和他的万达帝国

最近十多年来，万达的发展历程可以用滚雪球来形容，但万达帝国的成功之路并不是一帆风顺的，王健林也是在经历不断摸索和试错后，用一砖一瓦，像搭积木一样，垒起了一个万达帝国。

请回答 1988

时光闪回到 1987 年，当时已从军 17 年的王健林为了响应国家“百万裁军”的号召，告别了自己的部队生活。转业后，王健林来到大连市西岗区区政府任办公室主任。不过，没过一年，不安分的王健林就主动请缨，自愿去担任濒临破产的西岗住宅开发公司总经理，踏入了房地产圈。这一年是 1988 年，是万达创业元年。从此，王健林正式开始了自己的创业征程。

第一桶金

王健林的第一桶金来自当时很多同行不敢或不屑做的项目：旧城改造。当时大连市政府北面有个棚屋区，很不雅观，政府领导对来领“指标”的王健林说：“就是这里，想开多少给多少。”这个项目成本高、施工难，存在很大的风险，但初入地产圈的王健林决定放手一搏。通过无畏的勇气和大胆的创新，王健林成功了，狠狠地赚了一笔，从此一发不可收拾，哪里有旧城改造的项目，别人不愿意干，王健林就去干，公司规模迅速扩大。1992 年邓小平南方谈话，鼓励大家“胆子再大一点，步子再快一点”。王健林热血沸腾，开始率领万达走出大连，跨区域发展。

足球岁月

万达发家于地产，但扬名于足球。在很长一段时间里，万达都被很多人认为是一家“体育公司”。进入足球，万达抢了全国之先。在中国足球联赛最好的 20 世纪 90 年代，万达是最大赢家——六年夺下四个冠军，创下连续 55 场不败纪录，大连万达也开始闻名天下，品牌知名度位居全国第五。可以说，足球在万达帝国的发展历程中有着不可替代的重要作用。

转型商业地产

2000 年，万达开始从住宅开发向商业地产转型。当时王健林已经意识到住宅开发的产业模式不好做，“世界上没有一家做住宅的企业是百年企业，城市化发展到一定程度，它的需求必然会下降”。经过十多年的发展，如今，万达已经成为中国商业地产的领军企业，商业地产也是万达发展为商业帝国的首要功臣。

奇迹的万达广场

一个具有代表性的商业中心的崛起，能带动整个城市的发展和进步，而一个伟大的城市，也必然会有一个代表其形象、为其聚集财富的商业中心，综观中外，莫不如此。在中国，万达所到的每个城市都流传着这样一句话——“每座万达广场，都是一个城市中心”。这样极其有力的宣传口号对万达集团而言，不仅是自身超级实力的体现，更是万达广场在所到城市的真实描述。

轻资产，去地产化

从2014年开始，万达开始走轻资产之路。2016年，万达大胆调减600亿元地产收入目标。2017年7月，在以631.7亿元的价格将13个万达文旅城以及76个万达酒店项目卖给融创中国后，万达几乎将其在国内能够产生负债的“重”资产项目出清，成了名副其实的商业服务管理运营商。

除了推进轻资产化之路，对于万达的“去地产化”，王健林至少还有三个目的：其一，优化资产，加大海外投资，加快全球化步伐；其二，万达商业被认定为房地产业，在A股上市一直很不顺利，转让相关地产项目从某种程度上也更符合证监会对其上市的要求；其三，王健林曾经不止在一个场合说：“万达除了投资海外，在中国的发展肯定是重头戏，因为娱乐、旅游、体育市场刚刚开始，这方面肯定作为重点发展。”万达“去地产化”也正是为了适应其在中国的发展。

遭遇负债危机，重新崛起

从2017年开始，王健林深陷负债危机。有消息称万达负债高达4200亿元，对此，王健林表示，不能只看公司的负债，还要看公司的资产，万达资产比负债多，所以万达经营没有任何问题。虽然话是这么说，但王健林还是开启了“卖卖卖”模式，出售大量资产，回收现金还债。到2018年底的时候，万达4000多亿元的债务还清了一半，负债率大幅降低，基本走出了债务危机的阴霾。从2019年开始，缓过劲儿来的王健林一扫颓势，又开始了布局投资，重新崛起。

王健林的商业之路曲折而传奇，其中的精彩还有很多，如万达院线、海外扩张、万达电商等。从一无所有的窘迫，到棚户区改造的豪情；从南下广州的雄心，到转型商业地产的悲壮；从行业探索的如履薄冰，到喊出“万达模式”的冲天英气；从投资文化的信手拈来，到布局海外的谨慎小心……

王健林究竟用何点金妙手，打造出了如今的商业帝国版图。一切答案，尽在本书之中。本书通过对王健林的个人成长轨迹、万达发展历程的细致描述，力图揭示出王健林的成功之道、经营之道和万达的发展之道，是一部真实、精彩的个人成长史和企业创业史。想了解王健林和万达的读者，请不要错过本书。

美中投资促进会主席、著名投资人　张家豪

序言

PREFACE

一个震惊世界、激励中国的男人

在中国商界乃至世界商界，王健林都是一个值得写，更值得读的人物。这和他经历的时代，也和他所从事的行业，有莫大的关系。

创业初期，军人出身的王健林身处的商业时代，堪称鱼龙混杂、泥沙俱下。尤其是在房地产市场和足球市场，各方商业势力残酷竞争，跑马圈地。无论是政治上，还是商业上，对王健林和万达来说都有着各种各样的困难，一个不小心，很可能就跌入万劫不复之地。

但是，王健林最终挺了过来，而且将万达越做越大、越做越强。

在政商关系上，王健林聪明地选择了“亲近政府，远离政治”，充分利用既有的规则实现了资本利益最大化；在商业经营上，他积极求变，带领万达历经四次转型，始终走在市场最前沿……

王健林在企业经营所做出的巨大成绩，也为他赢得了无数的荣誉和掌声。

2016 年 11 月 29 日，一则重磅消息轰动中国企业界：王健林荣获全球企业界的至高荣耀——福布斯终身成就奖。王健林是历年来唯一获此殊荣的中国大陆企业家，也是中国继李嘉诚后又一位福布斯终身成就奖获得者。

近年来，中国企业开始向世界霸权发起挑战，格力电器领跑全球空调业，华为剑指苹果、三星，阿里巴巴以逾250亿美元的总额问鼎全球最大规模IPO……而世界500强中，有110家在中国，仅次于美国。这一次，王健林获得福布斯终身成就奖，代表着中国企业家也开始问鼎世界。

“要让中国的标准成为世界的标准！”“美国的微软、苹果、沃尔玛，一说出来全世界的人都知道！”“我的梦想是，为中国的民族企业打造一个顶级品牌，做到世界500强前十名！”在颁奖礼现场，王健林以“侠之大者，为国为民”的强大气场征服了所有人，讲述了一个中国企业家应当有的伟大梦想。

王建林获此殊荣既是中国企业家群体的荣耀，是西方媒体对中国企业家的财富创造的肯定，也是王健林及万达集团在企业经营上巨大成就的反映。

王健林的财富之路，必然成为激励年轻人成长和创业的榜样，而万达的发展史无疑也是中国商业史中最精彩的部分。

或许，即使读透王健林和万达，也无法复制其成功，但至少，我们都应该学习到王健林的胸怀与毅力，都应该有王健林那样“敢闯敢试”“到了黄河心不死，撞了南墙不回头”的精神，以及明察趋势、善抓机遇的能力。

这正是本书的出发点。通过本书，笔者希望还原王健林作为一个创业者的本来面貌，也希望通过对万达发展历程的深入挖掘，勾勒出这个巨无霸企业的前世今生。通过本书，读者可以看到，王健林是如何带领着万达一路披荆斩棘，蹚过一条条河，翻过一座座山，在充满挑战也充满风险的商业社会走上巅峰的。当然，这个巅峰也只是目前的巅峰，无论是王健林还是万达，未来的巅峰都是现在所无法预料的。

“雄关漫道真如铁，而今迈步从头越。”不要说现实有多残酷，前途有多艰难，王健林们已然开路，并树立了卓越的榜样，那么后来者也应该拥有“青出于蓝而胜于蓝”的勇气与魄力，正所谓“数风流人物，还看今朝”。

目录

CONTENTS

PART 2

进击：让万达颠覆万达，野心远超你想象

PART 3

境界：企业最高追求是文化，人最高追求是精神

PART 1

征途：从摸石头到滚雪球，咬着牙也要向前冲

如果你们想成功，就应该去创业。当然朝九晚五的规规矩矩的生活也是可以的，但那种人生不精彩。应该勇敢跨出这一步，勇敢地去创业，勇敢面对人生。不管是经商，不管做科研、绘画，总要给自己一个比较远大的目标，为之去奋斗。奋斗过了，达到了，那你就无悔这个人生。你奋斗过了没有达到，你的人生也不后悔！如果什么都没奋斗，什么理想都没有，平平淡淡过一生，这个人生对你来讲实在没有意义。

——三健林

第 1 章

成长基因：丛林中掌握生存法则，军旅中磨炼不败意志

和大多数普通人一样，王健林最初只是被朴素的愿望所驱动，当兵、退伍、下海经商，这种人生并不特殊。但与普通人不同的是，王健林还是一个极具想象力和行动力的人，这使得他的每一次行动都能成就一次事业的跨越。

红色出身，从小培养起优秀的成功基因

2016 年，美国商业杂志《福布斯》公布的全球亿万富豪榜单显示，大连万达集团董事长王健林以 287 亿美元的财富力压马云，成为全球华人首富，并首次挤进全球富豪榜前 20 位。而在之前公布的 2016 胡润全球富豪榜中，王健林也以 1700 亿元（约折合 260 亿美元）的财富同样摘得全球华人首富的桂冠。

在万达以奇迹般的速度迅速扩张时，这个千亿帝国的掌门人王健林也迅速走入公众视线。王健林，到底是一个什么样的人？有着什么样的传奇经历？他和他的万达帝国是如何一步步走到今天的辉煌的呢？

王健林，1954 年出生于四川江油。父亲王义全是一位参加过长征的老红军。1933 年，红四方面军进入四川，王义全就是在这个时候参加了红军。他历经长征、抗战、解放战争。新中国成立后，王义全从部队转业到了地方，曾在陕西短暂担任过林业干部，后来回到四川，长期担任四川林业系统的干部。先后在江油、阿坝、都江堰等地工作，王健林就是王义全在江油工作时出生的。

王健林的母亲秦嘉兰是当时为数不多的女知识分子，新中国成立后，曾担任四川省苍溪县石门乡第一任女乡长。1953 年元旦，在区委书记的介绍下，

她与大自己 18 岁的王义全结婚。组织介绍的婚姻关系在新中国成立后的一段时间曾经比较常见，所幸的是两人婚后十分恩爱，感情非常深厚。

王健林最初的名字叫“王建林”，是他的母亲为他取的名字，寓意是继承父辈的事业建设林业，后来，王健林从军后才改成了现在这个名字。

王健林 4 岁那年，父亲王义全受四川省林业厅的指示，带着妻子和儿子到四川省西北部少数民族聚居的阿坝州金川县负责组建森林工业局。从 1958 年到 1972 年，王义全在金川县生活了 14 年。阿坝州景色优美，民风淳朴。王健林就是在这里度过了他的童年时光。

王义全夫妇共有五个儿子，王健林是长子，所以稍大的时候他就成为父母最得力的帮手。父母工作很忙，白天要上班，晚上还要经常去参加一些政治性会议，母亲还经常去山里开荒，所以，照顾 4 个弟弟的责任只好全部落在王健林身上。“老大是我们家的顶梁柱。他聪明能干，弟弟们都愿意听他的。”在母亲秦嘉兰看来，王健林始终是一个听话的、可以依赖的好儿子。

王义全性格和善、乐观，是一个典型的老红军。在教育子女方面，王义全十分重视培养孩子的爱国心。他经常给王健林还有周围的孩子讲长征、抗日的故事，教导他们要热爱祖国，学好本事报效祖国。这不仅很好地教育了孩子们，也让王健林在年幼时就得到了许多同龄人的喜爱。周围的小孩都十分崇拜王义全这位老红军，爱听他的故事，自然也就喜欢与王健林待在一起，而王健林也喜欢组织孩子们一起玩耍。

四川有句老话，“循规蹈矩，在屋里头的娃娃没出息”，童年的王健林很好地印证了这句话，他留给周遭人的印象是调皮但很有想法、个性独立。王健林一家住在森林工业局的大院里，环境比较好，适合孩子玩耍，而且大院的孩子也多，王健林经常和小伙伴们一起玩捉迷藏、爬树、打弹弓以及一些模拟打仗的小游戏。当然，王健林总是扮演孩子王的角色，用四川话说是个“匪头子”。“匪头子”在四川话中并非贬义，而是说这个孩子不喜欢墨守成规，有领袖气质。

王健林起先就读于金川县东方红小学，之后进入金川中学。整个学生生涯，王健林中规中矩，并没有太过出格的行为。值得一提的是，学生时代，王健林几乎一直是自己所在班的班长，从这里可以看出，他的管理能力，在小时候就有一定程度的培养。

王健林在金川县的教育经历前后加起来有 7 年。此后，森林工业局内部要招收职工子女到营林处去工作，他就从学校出来，成为营林处的职工。

在营林处工作时，王健林所在的林场位于大山深处，离大金有 10 公里的路，从大金到林场要先走四五公里的公路，然后再爬三四公里的山，去一次大概需要 4 个小时。运气好的时候，能搭上顺风车，大部分时候，王健林都得靠双脚走完这段不好走的丛林之路。

在营林处，王健林每月的工资有三四十元钱，这在当时并不算低。他的工作主要是负责栽树，每天上山栽 100 棵树。这算是一个不太辛苦的工作，至少与后来的烧炭相比是如此。王健林从事过的烧炭工作是这样的，先把木材砍成节，然后放在窑里烧，接着就是出炭和封窑，整个一趟活下来，人往往是浑身漆黑，完了还要挨家挨户地送给职工。这个活儿就算没干过的人，想想也都是极累的。

1969 年，中苏边境爆发珍宝岛冲突，出于对战争危机的考虑，中国迅速增补了一大批军人。得知消息后，一贯独立、大胆的王健林决定追随父亲的脚步，去参军当兵，报效祖国。应征入伍，标志着王健林的人生踏入了一个崭新的历程。

军旅岁月，能吃苦、爱学习的“新兵蛋子”

在商界有数位传奇人物都曾是军人，比如联想的柳传志、华为的任正非、海尔的张瑞敏、万科的王石等，这份伟大的职业成为他们成功的重要基石。王健林也是军旅出身，从 15 岁到 28 岁，王健林在军中服役 13 年。在多次接受采访中，王健林都曾提及这段人生经历对自己事业成功的重要性，他表示，这种磨炼对于自己形成永不放弃、执着坚定的性格有着巨大帮助。

军人以遵守纪律和服从命令为天职，而中国军队更以纪律严明、训练刻苦著称。这一点也被王健林用到了企业的文化建设中，王健林曾用六个字概括万达的企业文化：军队、学校、企业——万达首先是一支部队，然后才是一家企业。至今王健林仍保持着军人作息：如无特殊安排，每天七点钟就会到办公室，工作至晚上七八点。

回到正题。王健林有了当兵的想法后，就立马与父母进行了沟通，父亲作为一名老红军，自然是没有二话，立马表示支持。母亲秦嘉兰也同意，这位老红军的家属认为，作为军人子女，就应该继承前辈的光荣传统，尤其是家里的老大，更应该是个军人。

1969 年，王健林正式入伍，进入原沈阳军区守备三师服役，不过按照当时的编制，他只能算是 1970 年的兵。

入伍后，王健林将原来名字中“建”改为“健”。这是他人生中第一次“出走”，而以后这种“走出去”的行为在他的人生中不断得以体现。

在离开家时，母亲秦嘉兰曾满怀期望地对王健林说："一定要当'五好战士'（当时五好的内容是：一要努力学习好；二要爱护武器装备和一切公物好；三要消灭事故好；四要生产节约好；五要锻炼身体好），争取超过你的父亲。"整个军旅生涯，王健林始终没有忘记母亲的嘱咐，表现一直都很优异。

1970年，毛泽东同志发布了一个"11·24"批示，批了五个字："野营训练好"。为了响应毛泽东同志的号召，全军范围内开始进行"野营拉练"，原沈阳军区的任务是沿着当年杨子荣剿灭座山雕的林海雪原的原路线进行拉练，刚入伍的王健林在这次拉练中开始了人生第一次艰难历程。因为年龄小，部队给了他特殊的照顾，不让他背步枪，只给他配了手枪。尽管如此，背着10公斤的装备，王健林每天都要在白雪皑皑的路上走出三四十公里的路程，这对一个"新兵蛋子"来说，实在是太辛苦了。野外宿营，什么也没有，需要自己挖个雪洞，进去住一晚上。每天平均要走六十里，甚至七八十里，如果你不行了，可以到后面坐汽车，可一旦坐上了这辆收容车，可能你这一年评先进、评"五好战士"的机会就没了，那个艰苦是现在的年轻人所无法想象的。

但王健林对这份辛苦却不是太在意，反倒是记住了班长教给他的一个秘诀。事情是这样的，一次在吃饭的时候，班长告诉他一个能吃得多、吃得饱的诀窍：你第一次盛饭时候不要盛太满，尽快吃完以后你再去盛，满满地来一下子，第二次就能吃饱啦！凭着这一奇招，王健林终于坚持了下来。后来王健林生意做大以后，不止一次地向部下提起这段经历，尤其愿意讲述班长教他的吃饭秘诀。对此，王健林深情地说："他是把我当兄弟看。"

这次"野营拉练"非常艰苦，王健林亲眼看到一个走不动坐在地上哭的干部，说什么也不走，直喊"我党员也不要了，我干部也不要了"。和这个干部一样，很多人最终都没有坚持下来。或许是继承了"老红军"父亲的"坚强革命意志"，王健林却没有被艰苦的锻炼击垮，相反，依靠着极强的荣誉感和好胜心，在这次拉练中，他坚持到了最后。拉练结束的时候，一千多人的队伍，

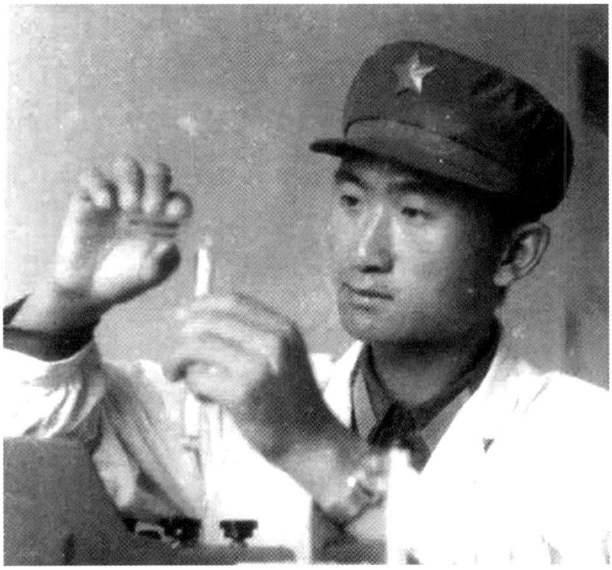

图 1-1　王健林在部队时的留影

只有四百多人没掉队，王健林光荣地成为其中一员。

最开始，王健林当的是侦察兵。1971 年春，吉林省吉安县鸭绿江边的大山深处的军营来了一批新兵，他们当时属于特务连侦察班，新兵里面有四川和辽宁抚顺的，班长去挑选新兵时，先选了两个抚顺兵，然后走到一个又小又瘦的小兵面前问他愿不愿意当侦察兵，他说愿意。这个小兵就是王健林。

尽管侦察兵不属于特种兵部队，但其成员必须具备特种部队人员的条件。一名合格的侦察兵，不仅要经常参加野外拉练，还必须学习各种侦察技巧，比如如何解除障碍，如何偷偷地摸入敌方所在地获取情报，如何用密码传递情报等，训练十分严厉，目的就是锻炼侦察兵的勇气、胆量和智慧。王健林年纪虽小，志气却不小，对于各种艰苦训练都有很好的心理准备，即使那些带有危险的训练，他也甘之如饴。原来，在参军之前，王健林已经对未来的艰苦生活做好了准备，他还专门读了一本叫作《死亡学》的书。连死亡都不怕，自然就没有什么艰苦能吓到王健林。而也正是这种不怕吃苦的习惯让王健林在军营中快速成长，很快就从普通士兵做到了排长。

当然，光能吃苦是不行的，王健林还十分爱学习，只要有时间，就抱着书本自学，不仅如此，他还报读了辽宁大学的函授学习，并于 1974 年完成了所有自修课程，顺利拿到了毕业证。

初露峥嵘，陆军学院中的“叛逆者”和“优等兵”

1978 年，大连陆军学院开始招生，当时这所学院所招的学生主要来自原沈阳军区的优秀军官和战士。因为在学习和军事方面表现优异，当时已升任排长的王健林荣幸地被推荐到了大连陆军学院的步兵班。那一届大连陆军学院所招的军官有一千人左右，按照规定，这些军官经过一到两年左右的培训后，可以直接晋升到连长级别。

在大连陆军学院学习时，王健林开始崭露出性格中的“叛逆”因子，成为一个典型的“不服从指挥”的人。当然，这种叛逆、不服从指挥，根源在于他遇事喜欢动脑筋,不盲目服从。时任大连陆军学院军事课教师的张昌军回忆说，在陆军学院，很少有人站出来反驳教师，但王健林经常提一些让张昌军无法回答的问题，所以他对王健林印象很深。

有一次，张昌军讲到用火炮射击敌军坦克的战术：射击坦克的时候要掌握好角度和时机，应该在坦克拐弯时，在弯道的内侧埋伏好火炮和炸药包，原因是，坦克转弯时，内侧会更大程度地接触地面。这在当时是军内公认的理论，从没有人提出过异议，教材上也是这么写的。但王健林对此表示反对，他认为

“在弯道的外侧伏击坦克也是可行的”，之后他又举出详细的例证和数据，证明自己的观点是正确的。

对此，张昌军并没有马上予以解答，而是和同事们认真商讨，之后，发现王健林的观点是正确的。于是，在第二年教材改版时，陆军学院将王健林的建议写进教材，新教材一直到 2004 年陆军学院解体的时候都还在用。

在当时的大连陆军学院，按照教学大纲的安排，有些军事知识只需要简单介绍就可以，不需要重点讲。王健林对此非常不解，就向另一位教官提出质疑：“只要是知识，就都要学习，为什么要分出主次。”教官不想在课堂上讨论这个话题，没有理会。下课后，王健林执着地找到教官，针对这个问题，要打破砂锅问到底。教官不想因为这样的问题耽误时间，便敷衍王健林，说有空再讨论。教官以为这样的态度会让王健林放弃，没想到王健林一连好几天都来找他讨论，而且每天都有新的看法，而教官也慢慢改变了态度，开始欣赏起这个爱独立思考的学员了。

王健林的执着不仅体现在学习时敢于向教官和教科书挑战，也体现在训练中的坚韧不拔。1978 年的冬天，陆军学院开始开设单兵进攻课目，每个军官要独立完成朝向动作、指向动作，以及匍匐前进、穿越障碍。

当时，很多学员动作都完成得很好，但王健林开始却不行，不够灵活，也不准确，考核成绩属于下游。为此，不服输的王健林专门请教导员协助自己，每天下午反复练习，棉衣与肘部都磨破了，最后才终于把成绩赶了上去。

王健林在陆军学院如饥似渴地学习和艰苦训练时，中国社会正在发生着翻天覆地的变化。随着 1978 年党的十一届三中全会的召开，全国逐渐形成了改革开放的大潮，一批“体制内人士”纷纷下海创业。

1979 年的 8 月，王健林顺利从大连陆军学院毕业，因为成绩优秀，被留在了学院的大队当参谋。留校后，王健林很快表现出另一种才能，那就是写文章和诗歌。时任一大队二中队中队长的陆民杰回忆称沈阳军区办了一个《前进报》，队里一年发的20多篇稿件中大部分都是王健林写的，“《解放军报》也发表了王健林的文章”。

因为文笔好、善于写文章，王健林被调到学院的宣传处当干事，最主要的一项工作是负责动员学院的军士报考党政专修班。这是王健林给自己制造的众多机会之一。正是负责党政干部专修班的经历，让王健林从一个原本相对封闭的普通军队干部，开始转型为市场化的人才。因为要经常跟高校以及政府的各个部门联系，王健林开始走出营房，经常去省里和各种人接触，认识了不少领导和商业人士。

1983年，王健林就读辽宁大学党政专修班，并在1986年以优秀的成绩毕业，获得经济管理专业的学位。

1986年，32岁的王健林调任陆军学院管理处协理员，相当于副处级，属于副团职干部。王健林在管理处的主要工作除了负责整个学院的后勤保障，同时肩负着与大连政府以及其他团体打交道的任务，开始认识级别更高的社会人士，处理更复杂的关系。

在这个时间段，随着改革开放政策的深入推进，“经济建设是大局”已成为当时的基本国策，计划经济正在逐渐被市场经济所取代，而这一切，都被王健林敏锐地捕捉到了。

弃政从商，只为那颗不安分的心

1985年6月4日，国家启动“百万裁军”计划，王健林响应号召，于1986年离开陆军学院，转业至大连市，担任大连市西岗区政府办公室副主任。

海滨城市大连环境优美，当时的经济发展形势也非常好。王健林虽是初来乍到，但在陆军学院管理处担任协理员时就积累了丰富的从政经验，因此对办公室主任的工作可谓得心应手，并且刚上任就解决了区政府没有食堂的大问题，让上下级同事刮目相看。

这是怎么回事呢？原来，区政府之所以没有食堂，并不是不想建，而是因为区政府迟迟没有通煤气。通过了解，王健林得知，区政府的有关部门根本没有办理使用煤气的手续，而区政府之所以没有办理手续，则是因为西岗区刚刚成立时，区政府办事人员去找这位工程师谈煤气的事，但是工程师手上正忙着其他的事情，在态度上怠慢了区政府办事人员。这位办事人员是个直脾气，居然发起火来，甚至说了一些很难听的话，让那位工程师十分生气。事后双方虽多次磋商，但每每针尖对麦芒，闹得都很不愉快，如此时间一久，双方就有了积怨。之后，换了负责人与那位工程师商谈，结果也不理想，大抵是因为区里的负责人拉不下面子、低不下头。

王健林在得知这件事情的缘由后，多次拜访那位总工程师，即使屡遭拒绝，也从不生气，总是笑脸诉说，最后用诚意打动了对方，化解了矛盾，使用煤气的手续也水到渠成地办理了下来。

这件事情看起来很简单，王健林前后也只用了一个月左右的时间，但却解决了西岗区政府三年都没解决的问题。将其中的原因简单归结于某些区政府人员工作作风及态度显然是片面的，最重要的原因还是在于王健林在与政府相关人员打交道方面确实有常人所不具备的能力。

区政府的食堂建立后，王健林并没有就此撒手，而是亲自负责区政府食堂的采购工作。他利用自己在部队和陆军学院时所学习的财务知识和管理知识，有效地控制了食堂采购的成本，并将节约下来的钱用于改善食堂伙食，此举赢得了区政府同事的一致赞赏，并得到了上级部门的认可。

有了煤气，闲不住的王健林又关注到单位同事们洗澡难的问题。他在政府大院里找了一个角落，请人做规划、画图纸，盖好了男、女两间浴室。半年后，他又提出办公楼的扩建方案，将办公楼多接出一层，进一步改善了区政府的办公环境和场地。

在顺利地开了个好头后，王健林很快熟悉并上手了区政府的工作流程，并逐渐建立起了良好的政治人脉，俨然成为一名冉冉升起的政治新星。当时，在周围的很多人看来，王健林无疑是一名未来在仕途上会越走越顺利的政府官员，也是一名很快会被提拔的备用干部。不过，对喜欢挑战的王健林来说，四平八稳的生活从来都不是他想要的，他的人生需要的是波澜壮阔。

出于对当时的社会经济发展形势的精准判断，就在大家都认为王健林会成为一名前途无量的政坛新星时，王健林做出了一个大胆之举，放弃区办公室副主任的美差，选择去做一家国有第三产业的经理。由于体制的原因，当时国有第三产业的工作人员，大多数都不属于国家编制内的员工，即使是编制内的正式员工，待遇也远不如区政府的工作人员。因此，王健林此举在外人看来无疑是不坐“龙椅”坐“冰炕”。

但对王健林本人来说，小时候的丛林经历，多年的部队生活，再加上性格中的不安分因子，让他对坐在机关办公室里的工作感到很别扭，最重要的是，当时他对创业的兴趣远大于从政。

事情的经过是这样的：1988 年，西岗区政府的下属企业大连西岗区住宅开发公司遇到了很大的经营困难，到 1988 年欠债高达 149 万元，公司处于破产的边缘。为了拯救这家陷入严重危机的企业，西岗区政府向全西岗区的官员们发出启事，希望有高人主动站出来为公司和区政府分忧。这无疑是一个棘手的工作，当时没有人主动和区政府接触，除了王健林，他主动请缨担任这家负债累累的公司的总经理。多年后回忆此事，他的口吻依然是：“赶上经商热，想改善个人的生活，当时有一句口号叫‘争当万元户’。我就觉得，别人能当万元户，我凭能力应该不止万元户。”“在机关就算混上了一个区长、副市长，也没有什么意思。”“离开机关的时候，我办的是停薪留职。”王健林也承认，下海前他也为自己留了后路，万一不行还可以回去，依然享有正处级职务和待遇。

王健林的创业元年应该是在 1988 年，这一年他正式来到西岗区住宅开发公司任总经理，从此踏入了房地产这个圈子，而西岗区住宅开发公司实际上也就是万达的前身。

据王健林回忆，当时公司注册需要 100 万元，因为没钱，他找到一家当时很有钱的国有企业，向人家借 100 万元，但对方说借钱需要有担保单位。最后，王健林找到了担保单位，但这家单位直接狮子大开口，借来的钱自己要留 50 万元，王健林咬牙答应，如此，才拿到了执照。公司当时只有 20 多人，没有公务车，唯一的交通工具就是租来的破面包车，员工都是在一所几近废弃的楼内办公，办公室下面就是锅炉房，窗台和窗户上都是厚厚的煤灰。据当时的员工回忆说，公司的人每天回家鼻孔都是黑的。夏天人们进办公室后的第一件事就是往地上泼水降温。

当时 30 多岁的王健林，上任伊始就着手企业的整顿工作，大刀阔斧地开始了改革，他披着军大衣，仿佛重现部队里下命令的情形 ：“我们这个集体，我决定了，你若不做，就罚款 ；对工作的基本要求就是令行禁止。”

王健林上任后，最初也没有什么有效的办法来尽快挽救西岗开发公司。这是因为，当时整个房地产开发的过程还属于计划经济。单位盖房动用的都是国有资产，受到政府的严格管制，不仅开发公司的牌照受到政府的严格控制，而且每个项目都要到计委立项，土地资源也没有市场化的来源。但这些反而把王健林逼到了市场经济的路上。在多方学习、深入思考后，王健林颇有创意地将以往的坐商模式改为行商模式，号召员工摒弃“等、靠”开发指标的习惯思维，树立“开动脑筋”“主动出击”的工作思想，力图从根本上改变西岗区住宅开发公司经营不善的弊病。以往，该公司正是由于处于西岗区政府的庇护下，单纯地靠政府给指标，缺乏主观能动性，才在市场化的冲击下走下坡路的。

当时，房地产开发需要申请用地指标，而整个大连只有3家国有房地产公司才有资格，王健林通过老战友的关系，费尽周折地拿到了南山住宅项目并获得银行贷款，该住宅项目成功后，获利达200万元。这样，王健林接手西岗区住宅开发公司当年，公司就实现盈利，区政府奖励王健林个人15万元，但他把这些钱分给了全部员工。

住宅开发公司毕竟还是政府直属企业，很多事情都得上级机关和领导说了才算数，这让想要大展拳脚的王健林颇受掣肘。据说，有一次“五一”劳动节时，因为公司业绩非常不错，王健林决定借过节的机会，带辛苦了许久的员工们出去旅游。他租了几辆大巴，然后带领员工在大连周边玩了几天。结果，人还没回来，纪检部门就接到了举报电话。后来，还是因为王健林能力突出，业绩又好，几个领导纷纷为他求情才没有给他处分，但每名员工都补交了200元的“旅游费”。

像以上这些事情，让王健林深受刺激，他不太明白，明明是为员工谋福利，又不是贪污受贿或者以权谋私，为什么还要受惩罚？可当时的情况就是如此，许多国有企业都存在权责不清、赏罚不明的现象。要想改变，似乎只有一种方法，那就是改制。1991年，国家体改委和大连市体改委准备在大连选3家企业，作为东北地区首批股份制试点单位。一旦成为试点单位，公司将失去政府编制，从铁饭碗变成泥饭碗，公司高层也从政府官员变成社会人员，将失去官员身份。这份魄力和勇气并非人人具备，当时没人敢这样做，但王健林敢，他毫不犹豫地跑去申请，并最终成功独掌公司大印。不过，这段股权改革之路却整整走了16年。经过烦琐的股权置换，直到2007年1月，万达国有股和员工认购股才彻底退出，以王健林为法定代表人的上海万尚占大连万达49.25%的股份，成为最大股东，王健林这才成为真正的万达“国王”，当然，这些都属于后话。

第 2 章

万达往事：摸着石头过河，在挫折中不断成长

改革开放早期，中国民营企业的发展就像是在过河，每个时间段，都囿于观念、时势、法律等的束缚，以摸着石头的方式试错、创新、突围。结果，有的上岸，有的溺亡。大浪淘沙，一路奔流，有的被裹挟，有的沉淀，有的立于潮头。万达往事，亦是如此。

第一桶金，靠旧城改造起家

尽管在南山住宅项目中，王健林旗开得胜，收益颇丰，但公司之前所欠的债款并未全部还清，未来的发展也处于“摸石头”的阶段。为了能够尽快打赢真正的翻身仗，王健林又做出了一个在当时看来令人震惊的决定，接手了很多同行看不上眼或者说不敢做的项目，那就是旧城改造。

说起接手旧城改造，王健林也是有些无奈的，因为那个时候公司开发项目需要有“指标”，刚起步的万达很难拿到，但旧城改造，却是政府非常支持又是很多房地产商不愿意做的事情。

大连市政府的办公楼是一个老建筑，但修得很是雄伟，是大连的代表性建筑之一。不过，在市政府北侧，有一个老居住区，房子的设施很差，一百多户人家共用一个水龙头和一个厕所，被很多人认为有碍市政府的形象，对比来看更不雅观，市政府相关领导也着急处理，因此对来要“指标”的王健林说：“你不是想开发吗？把市政府的北侧那块地给你，想开多少给多少。”王健林回公司一算，结果发现，改造成本一平方米就要 1200 元，可当时大连最高房价也不过一平方米 1100 元，难怪没人愿意做。

王健林坚持要做这个项目，引来很多同行的取笑，他们认为王健林初入行，在南山住宅项目中取得一点小成就就不知道天高地厚了，敢接手旧城改造这个难啃的项目，实在是有点不自量力。而在公司内部，也有很多人反对。当时公司叫“西岗区开发公司”，王健林就说：“开发公司，只有开才能发，你都不敢开怎么能发呢？”说归说，但是因为高成本，想要赚钱，最终还是要把房子卖高价，至少要卖到一平方米 1500 元。能不能卖到这个价格呢？就要看如何改造了，为此，王健林和公司的管理层开动脑筋，推出了几条大胆的创新方案：第一，推出“大高层”概念，建立 30 层的高楼，这在当时的大连房地产界无疑属于创举。第二，在房子内部设计上大胆突破，当时大陆的房子没有明厅，一个小过道进去直接就是几间房。于是，万达做了一个明厅。第三，当时大陆的房子没洗手间，局级以上干部才允许配一间洗手间。万达却突破了这个限制，每户都配了卫生间，还把木头窗换成了铝合金窗。第四，安装防盗门。防盗门在现在是随处可见，几乎家家必备，可在当时却属于刚出现不久的新事物，王健林认为防盗门不仅结实安全，而且在观感上也与以往的木头门不同，有很强的新鲜感，再加上价格比起木门并未增加很多，于是给每家每户都安装了防盗门。

上面这些现在看起来很“小儿科”的创新，在当时却是需要很大勇气的，比如配洗手间，政府规定，只有局级以上干部住房才能配洗手间。为此，万达还遭到了大连市纪委的审查，要公司提供购房者名单。好在二十世纪八九十年代，改革开放是大势所趋，这件事才不了了之。

这种在住房内部采取的大胆创新，就市场的层面来看极大地满足了先富起来的私营业主阶层攀比的心理。用一句话来形容，就是让他们住得比体制内的干部甚至是县处级以上的干部都要好。

这种打破中国社会固有等级观念的做法，给市场当中的消费者带来了极大的刺激。不过，就我们国家 20 世纪 80 年代末期而言，拥有十几万元的消费者毕竟是分散的，而且这些先富阶层的人也都还小心翼翼地生活，不太愿意暴露自己有钱的事实。所以，王健林和万达要想把消费者吸引到自己开发的这个楼盘上，还要出新招才行。

万达当时采取的“新招”在现在看来稀松平常，那就是赞助电视剧。20世纪80年代，港台电视剧已经在大陆非常流行，《上海滩》《霍元甲》《射雕英雄传》等剧风靡大陆，几乎每一个人每天晚上的黄金时间都是在电视前度过的，就连在农村，如果谁家有电视，一到晚上，也是一群人围在那看。王健林自己找了一部在大连很火的港台剧，然后与电视台协商，在电视剧的开头和结尾连续插播广告，让众多市民都看到了万达的楼盘广告。

好的地段，独特的房型设计，滚动的广告，吸引了大量拥有财力的消费者。房子建成后，推出来的均价是每平方米1580元，结果，1000多套房子一个月就卖光了。就这样，万达成为大陆地区第一家闯入了“旧城改造”这一行业的公司，这一单使万达赚到了接近1000万元。不仅如此，万达建造的房子比起原来的棚户区，条件要好很多，得到当地居民的交口称赞，获得了很大的名声。

在这一次市政府北侧的旧城改造大获成功后不久，王健林又接手了大连新开路的一个旧城改造项目，有了上一次的经验，王健林很顺利地又做成功了这个项目：不到两年就完成了占地20公顷、总面积60多万平方米、拆迁户达4000户之多的房屋改造工程，为公司赢得了过亿元的利润。

也就是在这一段时期，随着国家改革开放政策的不断深入，伴随着1992年邓小平的南方谈话，中共十四大明确提出“市场经济”的概念，下海成潮，承包制开始席卷全国，并成为拯救国企的良方。

1992年，王健林也争取到了大连第一批股改企业名额，西岗住宅开发公司由国企转型为股份制企业大连万达股份有限公司（以下简称为万达），王健林依旧担任总经理。

勇敢转型，定位商业地产

1992 年，万达成功改制后，王健林也终于正式成为一名标准意义上的商人，开始在商场大展拳脚。

虽入商场不久，王健林却有很大的野心。跟随着当时社会的商业风潮，他也曾经试图带领万达走多元化的道路，并先后投资了制药厂、电梯厂、变电站设备等，也搞过酒店、外贸，但出于种种原因，这些投资都没有大的收益，万达真正做得好的还是房地产。

万达在房地产方面发展速度迅猛，到 1993 年，已经走出大连，到广州开发。

20 世纪 90 年代中期，广州在经过一段飞速发展之后，成为中国顶尖的省会城市，当时全国流行一句话，“东西南北中，发财到广东”。

当时的确有很多人南下广州，但大部分都是打工，或者是做点小生意，倒腾些小商品，几乎没有一家房地产老板想过将自己的企业开到广州去。但王健林想到了。广州虽然是一个陌生的城市，竞争也是出了名的惨烈，但王健林义无反顾，他就是要尝试别人没有做过的事情。

当时的广州虽然说是遍地黄金，但真正能赚到钱的人毕竟少数。王健林也做好了亏损的心理准备，但幸运之神这次眷顾了他，在广州开发的项目很快就赚到了钱，虽然利润不算很可观，但却极大地鼓舞了王健林和整个万达的积极性。王健林回忆说：“那时中国的政策不支持企业到外地发展，困难很多。我们去广州开发，企业不能注册。一般人遇到这种政策壁垒就退缩了，但我想，毛主席说过两句话：‘世上无难事，只要肯登攀’，有政策壁垒，我也要登攀一下看看。就去找广州当地企业谈，看谁愿意借给我们执照，最后跟广州华侨房地产公司谈好了，一年给他交200万，他为我们注册一个分公司，就把事情办成了。”“在广州我们开发了一个40万平方米的小区，由于当时对当地文化的理解、成本控制能力、管理水平都还不太到位，所以，没有挣到太多的钱。但是获得了信心，万达也因此成为全国房地产行业中第一家跨区域发展的企业。”

在广州获得了可贵的经验，锻炼了跨区域商业实战能力以后，万达一发不可收，1997年开始全面跨区域发展，北到长春，南到成都，都有万达的项目。

到了2012年，万达走出大连整整20年，其在中国投资的城市已经超过100个，成为全国进入城市最多的房地产企业。

就这样，王健林成功地在“棋盘”上落下第一颗“棋子”——走出大连，至于第二颗棋子应该落在哪里，王健林思考良久。

2000年，是万达发生重大转折的一年，在多方考察并深思熟虑之后，王健林落下了第二颗棋子——这一年万达正式转型商业地产领域。

不过，从公开资料上看，王健林选择转型商业地产，最初的起因可能只是源于一件“小事”。

当时，公司有两个跟随王健林多年的老员工得了重病，一个得了癌症，另一个得了肝病。那时非政府机关工作人员没有医疗保险、社会保险等保障，能不能治病要看公司有没有钱、愿不愿意出钱。王健林毫不犹豫地做出继续治疗的决定，所有费用由万达承担。结果，治疗了一年多，其中一个人花了200多万元，另一个人花了100多万元。

这件事情过后，王健林陷入深深的思考：如果万达一旦发展为几万人，一旦万达的员工步入老年，如果每个人都得这样那样的病，每个人退休了以后工资怎么发呢？上哪儿找这么稳定的现金流呢？

很多时候，改变就是在责任心的驱使下发生的。2000年初，王健林意识到，搞住宅开发是有风险的。第一，住宅产业没有百年企业。城市化进程完成后，住宅需求就会下降，绝大多数企业将消亡，这是行业特性决定的。第二，做住宅现金流不稳定，有房子卖时就有现金流，卖完后再重新买地，再做设计开发，现金流就没了。

就是这种在现在看来很家长式的想法，促使万达转型：盖房子收租金，以保证源源不断的现金流。

为了万达员工，也为了自己，王健林提出了企业发展方向的两个限制词：长期、稳定的现金流。如何才能实现现金流长期稳定？经过开会研究，王健林决定做商业地产。这次会议开了三天，在万达历史上叫作万达的“遵义会议”，决定了企业发展的正确方向。

这就是万达商业地产的雏形。

从 2000 年开始，万达开始做商业地产。通过这次转型，万达从一个区域的品牌变成全国性的品牌，从几十亿的公司，变成百亿级的公司。而且这种连锁经营，给企业文化带来的变化是不可估量的。

话虽如此，可在当时，商业地产也不是那么好做的，用万达一位老员工的话说：“不懂，什么也不懂。既不懂商业，资金也缺少。人才？国内没有这方面人才。就这样开始做商业地产。”

的确，在当时的地产行业，对商业地产，很多开发商避之不及。2000 年，王府井百货因为成都项目的挫折，不再涉足商业地产开发，在全国的发展重返租赁经营的老路。也是在 2000 年前后，万科转让旗下的百货股份，彻底成为专业化的住宅开发商。万科集团董事长王石曾预警：“商业地产项目很难取得较高比例和长期的融资支持，如果搞出租型商业地产而自身没有资金实力，则必死无疑；如果搞出售型商业地产，则会遇到经营管理上的致命麻烦。”1993 年，中国曾出现一轮办公物业的建设热潮，万科也趁势而入，在辽宁鞍山建设东源大厦，这个后来成为地标性建筑的大楼，一度几乎沦为烂尾楼，债务到 2001

年才还清。万科在它的大本营深圳，也遭遇了写字楼滑铁卢。1993 年，王石想建深圳第一高楼海神大厦，51 层，180 米，超过国贸大厦和当时正在建设的地王大厦。结果,和东源大厦一起,这个项目也险些拖垮了刚刚起步的万科。“万科的教训之一是，不要轻易上高层项目，否则不是纪念碑、里程碑，而是墓碑。”王石在自传中曾这样评价。

对此，王健林的心态完全相反。“为什么这么多有实力的企业都不去做商业地产，主要是因为商业地产很复杂，我总结为五难：定位难，规划难，招商难，管理难，资金难。”王健林有一个比喻，做住宅开发是小学生，做商业地产是大学生，“但正是因为商业地产难做，所以真正的竞争对手也少，竞争对手少，利润就可以拿得多一点。”

表 2-1　万达某项目住宅、商铺投资分析表

项目	开盘价格	3 年后价格	面积	3 年后增值额
住宅	9500 元 / 平方米	15000 元 / 平方米	100 平方米	55 万元
商铺	35000 元 / 平方米	85000 元 / 平方米	100 平方米	500 万元

选择做商业地产，王健林并非赌博，而是出于对万达发展的一种前瞻性的分析和战略决策。中国的城市化是从 1993 年开始的。1992 年邓小平南方谈话之前，中国的改革主要是围绕农村进行的。就是以南方谈话为标志，开始转为城市改革，而且城市化进程极为迅速。到 2000 年的时候，中国的城市化已经初具规模。在这种大背景下，王健林认为，商业地产正是中国顺应城市化的方向、顺应社会需求的非常好的一个产品，前途远大。

时间证明了王健林的话并非虚言。从第一个万达广场——长春重庆路万达广场开业至今，万达已有 100 多家商业地产在全国遍地开花，所到之地，皆成为当地的商业中心。

首创“订单地产”，拉沃尔玛入伙

在最初投身商业地产的时候，万达的发展并不顺利。因为不懂商业地产的规划设计和相关知识，在三年多的时间里，万达充当了 222 次被告。万达推出的第一代产品万达大厦，也因为商户资源的空白，进场的多是小型商场和酒楼，导致租金无法收回，回报很不理想。

为了突破局面，王健林和他的团队推出了一种新的商业地产模式：先找商家签租赁合同，然后再盖商场，以降低商业风险。对此，王健林自己起了个名字，叫作“订单地产”。

其实，早在 1997 年，王健林就构思形成了“订单地产”模式。当时，万达在大连市与麦当劳有过一次合作。合作过程中，麦当劳给万达留下了深刻的印象，他们重合同、守信誉，绝不拖欠债款，这引起了王健林对世界著名商业企业的关注。

经过一段时间的了解，王健林发现，这些企业有一个相似的特点，就是他们自己从不建店铺，而且一般都是“只租不买”。那么，万达能不能把业务范围收拢，只为这样的企业投资建设？这样做既不离地产本行，还能发挥万达的强项，又不同于原来的住宅地产，而是为商业租户服务。

在此情形下，万达“订单地产”模式应运而生。

所谓订单地产，概括起来有四个特点：共同选址、技术对接、平均租金、先租后建。实施过程是，首先与合作的大型商业企业签订联合发展合同，双方共同选址，万达投资建设，商业企业租用卖场，建成后通过出售在知名店铺周边开发建设的小型商铺来收回项目的部分投资，大型商业企业租用的店铺则提供长期稳定的租金回报。

“订单地产”模式，将地产与商业巧妙结合。众所周知，商业地产运营的关键是招商，如果事先确定了目标买家或者目标商家，那么开发建设过程就比较轻松了。万达在这方面具有独创性，拓展了商业地产的经营空间，首创了“订单地产”模式。

在万达“订单商业地产”中，有一条不成文的规定，就是合作企业大多都是知名企业，其中也不乏跨国企业乃至世界500强企业，比如沃尔玛。

2000年初，长春当地一开发商将自己一块闲置十年之久，占地约1.5万平方米的商业地块推荐给万达。借此良机，万达开始积极寻找合作伙伴，试水“订单商业地产”模式。经过一系列的考察，王健林看准了最有实力与号召力的沃尔玛，打算“向世界五百强收租”，以此带动其他商家入驻。当时，沃尔玛正准备登陆东北，急需寻找商场资源。按理说，双方的合作应该是一拍即合，可事实上却是困难重重。王健林先派手下人去，结果，见不到对方负责人；给深圳的沃尔玛中国总部发传真，也没回音。后来，沃尔玛主管发展的副总裁出差到大连，王健林听说这个消息后，向大连市政府负责接待的人说，无论如何给他安排半个小时的时间见对方。两人见面之后，王健林是好话说尽，但对方的态度却很是让人气馁，“他听完我的想法就笑，那是一种很蔑视的笑法。可能在想，这么小的公司怎么敢提出和沃尔玛合作。我就反复跟他讲，我们有好的条件。”王健林回忆说。

尽管对方的态度不算友好，但王健林心想，对方既然愿意见面，也给了联络电话，那就不怕没有机会。此后，为了争取能和沃尔玛这种“大鳄”合作的机会，王健林可谓使尽浑身解数，最终说服对方同意先做一个项目试试，这个项目就在长春万达广场。

和沃尔玛的谈判过程漫长而艰辛。万达在长春拿到的地块在位置上属于黄金地段，但沃尔玛对此并不看好，坚持要像美国一样在郊区开店。为了敲下这单生意，王健林多次往返长春、深圳，“明明约好了时间，却还是左等右等，在走廊起码等了 40 分钟”。最后沃尔玛中国区副总裁才飞到长春，一看完地方，非常满意，当时就拍板同意了。

长春万达是长春市第一个商业综合体，占地面积 4.8 万平方米，属于单体建筑。从长春万达开始，万达在国内相继建立了 6 个“一代店”，思路基本类似——先建一个大楼，第一层开精品店，第二层、第三层开超市，第四层开家居卖场、影院。

同国外一样，国内商业地产的主要盈利模式都是以较低的租金、较长的租期吸引大型主力店，再向小商铺收取高租金，获得持续稳定的现金流。最开始的时候，万达也基本遵循了这一惯例——除了一楼，整栋建筑的二楼到四楼，都是万达自己持有，一楼则分割成 147 个铺面，分别卖了出去。

作为全球顶级企业，沃尔玛所带来的示范性效应无疑是巨大的。在“和五百强当邻居”的宣传语推广下，店铺卖价节节高升，临街外铺价格最高达到每平方米 6.68 万元，刷新了长春商铺的价格纪录。

长春万达商业广场开业后，销售极为火爆，看到有巨大的利润空间，高傲的沃尔玛也放下了架子，同意继续合作，并决定和万达一次签下 5 个市中心店的合约。这时，“沃尔玛基本上就跟着万达走了”，王健林回忆起与沃尔玛的合作，依然感到十分自豪。

沃尔玛一带头，其他商户自然立马跟进，包括国美、苏宁等国内著名商家。尽管外界传言万达早期项目对沃尔玛都是“半租半送”，但是，纵然签约的条件再苛刻，纵然万达在与沃尔玛的这次合作上吃了亏，但它给万达带来的广告效应却是巨大的。

和沃尔玛签订长期的战略合作协议之后，万达的“订单商业地产”模式就正式确定了下来。

通过与国内外的大型品牌商家进行战略合作，王健林开始打造“订单商业”，并将“只租不售”视为运营商业地产的基本原则。“订单商业”为万达实现科学合理的业态规划、维护统一规范的经营形象奠定了坚实的基础。一方面，保证了开发的商业项目有下家，投资以后有人租赁，并且租金收入稳定；另一方面，通过实施主力店经营，全面带动周边的中小商铺，进而保障投资者与经营者的切身利益；同时，对合作商家的日后经营而言，量体裁衣式的“订单商业”也是一种负责任的体现。

对此，王健林深有体会：“不能建好房子再招商，而是要先把大的租户的需求搞清楚，按照租户的个性要求量身定做。我要把房子租给商户，就必须先替商户考虑能不能挣到钱。如果挣不到钱，我也就收不到租金。”

从 2000 年进入商业地产行业，万达从商业地产、订单地产，进化到“城市综合体”。随着逐步的蜕变，万达与沃尔玛之间的地位也发生了微妙的变化，王健林回忆说：“我们发展到一定程度，租户也多元化了，超市有沃尔玛、家乐福、华润、TESCO，甚至华润、TESCO 都对我们表态，只要万达愿意签，他们愿意放弃选址权，走哪儿跟到哪儿。既然我们有这么多选择，那当然就是条件合适就给你，条件不合适就不给你了。过去沃尔玛任何一个店，要 6 个月才能定下来，我们现在给沃尔玛只有 60 天，同意，你就可以来谈。超过 60 天不给意见，我们就 Byebye。”

王健林之所以有这番说辞，绝对不是过河拆桥，而是因为沃尔玛在万达发展商业地产的历程中虽然一直扮演着重要角色，但其带来的影响也并非全是正面的。

2002 年 4 月 28 日，万达召开了一次业主见面会，会上宣布，2003 年 1 月 16 日即将开业的广场叫作“万达国际购物中心”，而不是预售时说的名字“万达·沃尔玛购物广场”。一说完，业主就不干了，“我们买的时候就是冲着‘沃尔玛’这三个字。如果你这个广场叫万达沃尔玛，你就值这个钱，你要是叫万达，就不值钱。”

地位不同，境遇自然不同。现在的万达已经是全球顶尖企业，虽不能说超越沃尔玛，但完全可以与其媲美。可在当年，万达的品牌还远不如沃尔玛，有没有“沃尔玛”那三个字，对业主来说至关重要。

就是这个原因，导致长春万达在 2002 年到 2006 年一直处于旋涡之中：那几年，与万达长春项目相关的官司有近 100 起，其中，有关于沃尔玛定名的，有广告欺诈的，还有面积分摊的；还有业主来“闹”，揣着枕头来堵门的、砸门、砸玻璃的，“随时随地会发生一些不可预见的行为”；为避免发生冲突，万达派去沟通的队伍全是女生。她们在项目对面的酒店租一个房间，专门接待业主，有时候业主坐在走廊里，如果要走进办公室，就要从一条条横着的腿上跨过去……

为了解决长春的问题，万达曾派出各种专业团队来协助运作，可以说万达在这个过程中“承担了许多本不该承担的责任”。

商业地产作为国内的新生事物，需要一个培育期，市场也需要消化，出现这些现象都在情理之中。在经历过这次风波后，随着市场的逐渐成熟，到了 2004 年末，长春万达的情况已经得到好转，2006 年，开始迈入正轨，而万达商业地产也是在这一段时间，开始了真正的狂飙突进。

快速扩张，万达地产帝国的诞生

从 2000 年开始转型做商业地产，到 2005 年万达城市综合体推出，经过 5

年的时间，万达实现了一次华丽的转身，在历经一代单店、二代组合店、三代城市综合体的连续升级之后，已然成为中国商业模式创新的扛鼎者。

在快速扩张过程中，万达也创造了众多经典的商业案例，其中，最为业内人士津津乐道的是万达商业地产第三代——城市综合体。这里，以宁波鄞州万达广场为例：宁波鄞州万达广场是万达第三代产品的得意之作，该项目总建筑面积超过 60 万平方米，体量是沈阳项目的 2.6 倍，是长春项目的 10 倍，除了建有一个占地面积 27 万平方米的商业中心外，还包括一个五星级酒店、一栋高 160 米的写字楼。该项目的中心是一个室内步行街，作为人流量最大的商业室内空间，室内步行街将多种业态组合为一个整体，形成了一个畅达的商业闭环。2006 年 12 月 22 日开业当天，近 20 万的人流涌入其中，销售场面极其火爆。

如果说第二代的管理模式是出于对产业链的把握，那万达的第三代管理模式则完全是出于对商业规模更深的认识。万达的成功主要是商业模式的成功，也是投资模式的成功。从第一代单店和第二代复合店卖铺，到后来只卖商业之外的产品如写字楼、公寓，万达实现了产品链的最优组合和资金链的良性循环，构筑了预期的升值空间。

表 2-2　前三代万达广场模式比较

	产品种类	选址	建筑面积	业态	主力商家
第一代	纯商业	核心商圈黄金地段	5 万平方米	购物功能组合	超市 + 家电 + 影院
第二代	纯商业	核心商圈黄金地段	15 万平方米	购物功能组合	超市 + 建材 + 家电 + 影院
第三代	商业、酒店、写字楼、住宅	城市副中心、新区的中心	40万~80 万平方米	“24 小时不夜城”集成功能组合	百货 + 超市 + 美食广场 + 家电 + 影院

第三代城市综合体把万达 20 年来在住宅、商业、酒店、写字楼、城市公共空间建设中的所有心得全部汇集在了一个产品类型上，实现了远大于简单相加而成的聚合力。长期投资与快速回笼、居住与商业、过客与常居、资源集约和效率高超，这么多矛盾却在城市综合体上得到了对立统一。

宁波鄞州万达广场只是万达快速扩张中的一例，类似的案例在全国范围内都有，这也使得万达的发展极为迅猛，资金流迅速增长，对此，王健林和他的团队还极具创造性地设计出了“现金流滚资产”模式。

什么是“现金流滚资产”模式呢？意思是指，万达第三代城市综合体通过住宅、社区商铺和部分办公楼的销售收入来平衡现金流，借以支撑购物中心的不断扩张。随着这种模式的逐渐完善，万达形成了“地产开发利润 + 资产溢价 + 租金回报”的盈利模式。

快速的扩张加上稳定的资金流，使万达在发展上能够保持良性。而在当时大的形势上，随着住宅地产的风险和劣势越来越凸显，商业地产在对抗经济危机、增加就业和创业方面呈现出更多的优势，政府对其越来越重视，政策也向这方面靠拢。从这个角度来说，万达的商业地产在当时之所以能快速扩张，也可谓是与时俱进。

除了上面这些原因，万达在商业地产能快速扩张还有以下几个重要因素。

首先，就是团队的提升，“我们人才的团队在 2009 年开始发生质的变化”，王健林回忆说，这一年，万达吸纳了更多的高级职业经理人。

其次，以万达广场为主要形态的万达模式极为契合地方政府的需求，万达广场这种综合商场模式，体量大、投入大，对拉动地方经济作用十分明显。同时，还吸引了众多国内外知名企业入驻商场，大幅提升了城市的形象。因此，各地方政府都愿意与万达合作。

最后，在万达的扩张史中，万达商业规划研究院也起到了举足轻重的作用。这个成立于 2006 年，中国唯一专业从事城市综合体、大型商业中心和五星级

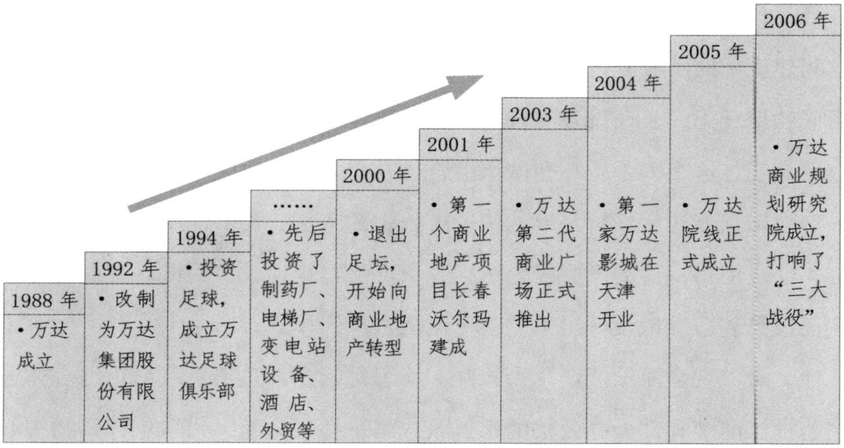

图 2-1　万达早期发展阶梯图

酒店规划、设计的机构被视为万达最具竞争力的部门。在每个项目设计之初，万达商业规划研究院就已将各种细节都考虑在内，像餐饮的隔油池、游泳馆的降板、超市的荷载等诸多细节在规划设计阶段就已经确认，尽量避免商家进场后进行改建，减少浪费。

经过多年的创新和探索，万达已经创造了自己的一套商业地产扩张模式，也就是所谓的万达模式。万达有一句著名的口号，“一个万达广场，就是一座城市中心”，这一口号集中反映了万达打造城市中心的信心与实力。

在快速扩张阶段，万达曾以每年平均 20 个万达广场的速度，在中国各大省市急速扩张，这不仅保证了万达的口碑效应和极速创收，而且深刻改变着中国城市的商业模式。以商业地产为依托，在文化、酒店、旅游、影视等各个领域全面扩张，万达已经成为中国商界的王者，而王健林也已经成为中国企业家中当之无愧的财富领袖。

第3章

叱咤绿茵：足球是一种投资，更是一种情结

足球是一个巨大的产业，也是一个流行的文化现象，有着广大的群众基础和号召力，是众多企业家眼中的吸金利器。

当王健林在谈论足球时，他在谈论什么？答案可不仅仅是单纯地为了赚钱，对于足球，王健林无疑有一种浓厚的情结。

足球城，足球缘

对于中国足球和万达王健林之间的爱恨情缘，有人说，其精彩程度绝对不逊色于任何一部美国好莱坞商业大片。也有人说，足球是流淌在王健林血液中的一种特殊物质，在他打造万达帝国的过去、现在和未来，都有着足球的身影。

要说王健林与足球的缘分，就必须先了解大连这座足球之城。

作为海滨城市，大连的美丽中外闻名。大连地处辽东半岛南端，位于黄海和渤海之间，是天然的良港，拥有宜人的自然气候，奇特的地质地貌，丰富的自然资源，夏无酷暑，冬无严寒。大连人多为山东和白山黑水后裔，体魄强壮，人杰地灵，具有先天的身体优势，这些都是大连足球发展的客观条件。

大连人痴迷足球，其狂热程度比起足球大国巴西都毫不逊色。大连向来有“足球城”之称，是中国的第一个足球特区。自 1994 年中国足球职业化以来，迄今为止，大连队共获得了 8 届联赛冠军。大连因足球更加出名，大连足球也因城市而风靡国内。足球，是大连人的骄傲，更是大连人的激情所在。足球运动在大连根深叶茂，蔚然成风，已成为一种独特的文化现象。

在 20 世纪 90 年代的大连，全民都是球迷。谈起足球，大连人张口就来，随便一个球迷都能说出很多话题来，有人甚至说，在大连不聊足球，甚至都无法融入工作单位。每到周末足球联赛时，整个大连城就像过节一样。球票往往一票难求，大连市人民体育场附近的高层建筑——教师大厦，在比赛时，每家阳台上竟然都站满人。那里的房子当时在大连人心中是最好的，因为每个周末都可以看免费的比赛。

有一段话说得好："在大连，男人不踢球，白在世上走，女人踢足球，活得更风流。"

足球的魅力让大连人如痴如醉，足球在大连人生活中不可或缺，而将大连的足球城之誉推向顶峰的就是大连万达足球队。

1992 年，在邓小平南方谈话精神的鼓舞下，中国体育体制也以足球为突破口尝试进行改革。足球运动水平位居全国前列的大连适时提出了兴办"足球特区"的构想，这与大连人盖增圣密切相关。在大连市的各种足球功勋人物名录内，盖增圣往往占据着第一的位置。在近半个世纪前的中国足坛，作为老一代的国脚，他的名字可谓家喻户晓。1992 年，盖增圣以大连市体委主任的身份兼任中国足协副主席，正是他率先提出了创办中国第一个"足球特区"的设想。

其时，正是中国足坛激情蓬发的青春季。1992 年 5 月 8 日，当时担任国家体委主任的伍绍祖签发了同意设立大连足球特区的报告。没过多久，著名的全国足球红山口会议召开，中国足球正式吹响职业化改革的号角。大连足球特区的设立，成为中国足球职业化改革的探路石。作为职业化的第一步，大连率先成立了第一支职业化足球俱乐部。

当时，最先赞助大连足球队的是生产星海牌电视机的华录集团。不过，因为经营资金的紧缺，赞助金常常不能按时到位。1993 年，因为有全运会足球比赛，甲级联赛暂停一年。大连队主力徐弘、小王涛、李明、魏意民等上调辽宁队，球队采取走训制（指运动员除规定的训练、比赛时间，其余时间均由自己自由支配），资金勉强可以应付，但是如果要参加 1994 年的职业联赛并取得佳绩，那难度是非常大的。恰在此时，王健林代表大连万达集团表达了愿意赞助大连足球的意向。

当得知王健林愿意出巨资赞助足球的消息后，大连体委、足协立即积极与其联系。用老百姓的时髦话讲，正是想打瞌睡，就有人送来了枕头。说来也巧，在大连足球俱乐部担任副主任的朱可冬，与时任万达集团办公室主任的范垂军是一对老战友，他们都是从空军转业到地方的。朱可冬联系上了范垂军，并通过这根线和王健林见了面。

军人出身的王健林办事爽快、干净利落，且是一个不折不扣的球迷，每逢国内有重大足球比赛，他都会尽可能地去现场观看。于是，在几次简单磋商后，双方就基本敲定了赞助大连队的事宜。

1994 年 3 月 8 日，大连万达俱乐部正式成立，并于当天举行了成立大会的新闻发布会。时任国家体委主任的伍绍祖还为俱乐部成立欣然书写了“足球特区开新花，改革开放万事达”的题词。

俱乐部成立后，在 3 月 12 日的第一次董事会上，王健林宣布成立董事会，由他担任董事长，5 名董事是：吕云武（已故）、王克民、朱元宝和朱可冬，由朱元宝执笔起草一系列俱乐部相关文件。

这一年，由清一色大连人组成的万达队实力强劲，以 22 战 14 胜 5 平 3 负积 33 分（当时胜一场为 2 分），提前一轮夺得了职业联赛冠军。从 1984 年冲上甲级队，到 1994 年夺得甲 A 联赛冠军，真可谓是“十年磨一剑”。当时，国内媒体普遍赞扬大连万达队是名副其实的冠军：一方面是因为当年没有什么假球、黑哨之嫌；另一方面是这支球队不仅打出了较高的战术水平和体现了较强的个人能力，而且全体队员是清一色的大连人，没有一名非大连籍队员，更没有一名外籍球员。

自此，王健林和他的万达足球队开始了对中国足坛的统治之路。

万达足球的辉煌岁月

“谁敢横刀立马，唯我大连万达。”

这条由大连球迷打出的标语，气魄豪迈，当年曾是甲 A 赛场一道最亮丽的风景，而彼时的大连万达也的确创造了一个独一无二的足球传奇：从 1994 年开始，在很长的一段时间，大连万达是中国足球职业联赛的名副其实的“巨无霸”。甲 A 联赛创立之初的 5 个赛季，大连万达拿到了其中 4 座联赛冠军奖杯，四次杀入亚洲顶级赛事决赛圈，一次获得亚俱杯亚军，创造了中国足球俱乐部当时在亚洲的最好成绩，并创下联赛 55 场不败的骄人战绩。

对于当时刚刚步入职业联赛的中国足球来说，王健林和他的大连万达队充满崭新的因素，拥有新奇的力量。在大连队面前，很多旧制度下的足球强队纷纷溃败。即使传统霸主辽宁队，也阻挡不了万达的球员们一次次赢得胜利。

特别值得指出的是 1994 年甲 A 联赛的最后一轮，万达足球队在四川挑战东道主四川全兴队的那一场比赛，更是让万达俱乐部声名大噪。当时的四川全兴队实力强劲，保持着赛季主场不败的金身。尽管在这场比赛之前，万达已经提前锁定联赛冠军，但万达队球员没有谁会愿意以一场失败来欢庆胜利，而四川全兴也无所畏惧，誓要保住主场不败。哪知道，比赛开始半小时后，万达队就连下三城，以 3∶0 领先，导致全兴队的一些球迷都开始“倒戈”，不过，万达队并没有乘胜追击，而是以 3∶2 取得了胜利。当时，这场比赛由香港卫视向全世界五十多个国家和地区直播，其影响力不难想象。

王健林带领的万达足球队之所以能所向披靡，最关键的一个秘诀现在看来很是简单，那就是巨额奖金。凡是万达队的比赛，王健林都会到现场观赛，几乎没有落下过一场万达队参加的比赛，哪怕是客场，他也会在比赛前的晚上赶到。据说，他总是让手下人带着一个密码箱，球队赢了后，王健林现场发奖金。对于这种说法，也有万达人士予以否认，当时万达的一位主力也说，的确没有在休息室里分奖金的事情，但确实会在比赛之前给队员们承诺各种奖赏，包括汽车、房子和现金。

除了现金奖励外，王健林还给球员们发过纯金打造的金球，每个球都是300克的足量黄金打造，不过这种奖励在当年的万达队球员看来只能算是纪念。钞票之外,房子和奔驰级别以上的豪车才真正体现出王健林在奖励上的大手笔。

1994年的万达，还只是一家地方企业，发展虽然快，盈利虽然可观，但王健林动辄拿出几套万达自己开发的两室一厅的房子给球员作为奖励，这种大手笔还是让人叹为观止的。到1996年，万达经营业绩猛增，王健林对足球队发的奖金也提到上百万元，之前分给球员的小房子也被换成了三室一厅的大房子。这些奖励都兑现得非常快，经常周末踢完比赛，周一休息一天，周二归队时现金、房屋或者车钥匙就能拿到手了。

有一次，在联赛中的一场主场比赛，万达队在上半场被对手先进两球，王健林在休息室里说："这场比赛如果扳平或超分，奖金翻番。"听到这句话，万达队的休息室立马炸锅了，球员敲着桌子大喊："翻番！翻番！"旁边的客队球员在休息室里都懵了，万达球员发什么疯啊？结果，那场比赛万达真的2：2逼平了对手。当时，万达的赢球奖金一般是60万元，有时候会达到80万元，最多的时候则高达100万元，其他球队想都不敢想。即使在今天看来，依然是非常高的赢球奖金。

不只是各种奖励，每次比赛前和中场休息的时候，王健林还要对队员进行战前动员，从战术到人员安排，从斗志到策略，他都会参与其中。一位原万达人士说，王健林之所以喜欢当时的万达主教练迟尚斌，就是因为迟尚斌给这个老板很大的“讲话”空间。

除了以上所说的，王健林还不惜花大价钱引进优秀的球员，1995 年、1996 年让王涛和郝海东从八一队转会大连，分别花费了 66 万元和 220 万元，尽管以现在的标准，这个数字显得不值一提，可在当年却是创纪录的天价，是当年国内球员转会费的最高纪录。值得指出的是，郝海东转会时，除了 220 万元的天价转会费，王健林还私下在北京为郝海东购买了一套住宅，郝海东来到大连后，又在大连拿到了一套房子和一辆豪车。此外，王健林还斥巨资引进一批在职业联赛初期堪称翘楚的外援，如曾入选过捷克国家队的内梅切克。大连一年在外援上花费 1500 万元，也是当时国内之冠。

和现在广州恒大的许家印一样，王健林在足球上喜欢大场面，也舍得为此花钱。原万达足球俱乐部副主任张家树清楚地记得，万达足球俱乐部在 1996 年赛季就曾花 13 万元购买船票，率领 1000 多人的球迷助威团，包船去天津看客场比赛。

高额投入也带来了巨大的回报，郝海东在前面摧城拔寨，内梅切克在中场的表现堪称世界级……大连 4 夺甲 A 联赛冠军，1996 赛季，万达 55 场联赛未尝败绩，这也是王健林最自豪的事情之一。

“他希望足球能给城市带来荣耀，自己的名气就自然而然有，所以不小家子气”。有知情人这样评价王健林的大手笔。

不过，虽然出手大方不假，但在该严肃管理时，王健林也丝毫不手软。十多年的军人生涯造就了王健林严谨的行事风格，在球队管理上，他特别反感以下犯上的态度和做事懒散的风格。据说球队最辉煌的时候，几名队员外出喝酒，回到球队驻地后被当时的主教练批评了一下，结果其中一人却说，“你还想不想干了？”这名球员说这话是很有底气的，因为当时曾经有过一句行话：谁来干大连队的主教练，都能拿冠军。不过，王健林知道这件事情后，却狠狠地收拾了这几名球员，高额罚款不说，还增加了其他惩罚措施。1998年，时任主教练的徐根宝和队内众多老球员产生严重分歧，几个老队员商量要在最后一个主场，对延边队的比赛中，做掉徐根宝。当然，他们不是打假球，而是集体装病，不上场参赛。但是这些球员万万没想到，王健林接到了密报，将这次“暴动”直接扼杀在萌芽中。最后，那几名老队员乖乖地出场比赛，并在事后接受了俱乐部的惩罚。

有人总结，王健林的三大爱好是：唱歌、看球、当老大。而足球是王健林最难割舍的情怀。“搞足球那种幸福感，是金钱买不来的。”

下面是王健林在接受记者专访时谈到的有关足球的内容，从中不难看出王健林的足球情结：

我是真球迷，看足球厉害得很。早年看世界杯，为了不影响家人休息，我一个人到外面去租个房子看。

1993年参与中国足球职业化改革，成立中国第一支职业足球俱乐部——大连万达足球俱乐部，迄今仍保持中国顶级联赛连续55场不败的纪录，这是我最自豪的事情。

为什么万达足球一枝独秀？是很多因素在一起才这么成功。可以说，万达球队也是万达企业的特点：能战斗、不服输。

有一次去延边打比赛，上半场万达被打进一个球，下半场还有20分钟，又进一个球。我在主席台上看，坐在旁边的是对方球队的领导，他跟我说这回总算赢了万达。我说：“万达肯定赢，还有20分钟呢。”最终结果是平了，最后5分钟万达队还围着对方球门射了几次门。

还有一次去武汉打比赛，万达客场7：1大胜武汉雅琪队。那次打完之后引发骚乱，球迷们把武汉的俱乐部烧了。

足球让我有满足感，赢球就满足。搞足球那种幸福感，是金钱买不来的。

竞技体育，尤其是集体运动，赢了之后的愉悦很难用语言形容。关键是足球对城市有贡献，当时万达足球老是赢，大连老百姓的幸福感也很高。万达队一有比赛，街上连的士也没有了，都看球去了。万达一赢球，放鞭炮，餐馆全火。一场球，从礼拜一一直讲到礼拜四，足球让人们一下子变得纯真了。

万达球队的管理非常严格。足球运动员很难管的，那时万达有很多大牌球星，但都是服服帖帖的。我用胡萝卜加大棒的政策管他们，球员收入都很高，一赢球就奖励三房一厅，今天赢了球明天奖金就到账。但是如果有人不遵守纪律，我也敢真抓、真杀。训练时只要迟到一律罚钱。最严的一次，差点让 5 个人不能进国家队。

王健林给大连万达的大手笔投入和球队带来的辉煌战绩，契合了当时大连市政府以足球打造城市名片的意图，因此得到了大连市政府的大力支持。

有了大连市政府的支持，万达足球队初期顺风顺水。借助万达足球飙升的人气，万达集团拿到了大连市区很多中心地块，并于 1997 年走出大连，步入跨区域发展时期。1997 年至 2001 年，其位于成都、南京、南昌、昆明的楼盘遍地开花，可以说，足球为万达的快速扩张埋下了深厚的根基。

伤心退出，足球传奇暂谢幕

1997 年对中国球迷来说是一个有着深刻记忆的年份。在中国足球第六次冲击世界杯的路上，国家足球队兵败大连金州体育场，最终十分遗憾地倒在了通往法国世界杯的道路上。

再次折戟沉沙后，在全国范围内，中国足协召开了一场“关于中国足球将如何定位”的大讨论，然而，这场想要淡化冲击世界杯失败的舆论导向行为，并没有给中国足球带来真正的反思，在1998年的甲A、甲B赛场上，错判、漏判的现象相比以往有增无减，球迷、媒体对于假球、黑哨的控诉达到了高峰。面对残酷的现实，王健林对中国足球的心理承受也已快到了极限。而这一切，在这个赛季足协杯半决赛中爆发了。

1998年9月27日，大连万达与辽宁队的足协杯半决赛第二回合开战了，在之前的第一回合比赛中，双方打成了1：1。

比赛开始前，王健林还与主教练徐根宝有说有笑，王健林问：“你看看目前的辽足有谁值得挖过来？”徐根宝反问：“李铁你挖得动？”王健林笑着答道：“可以想办法，郝海东我也不挖来了么？”

然而，赛前这种和谐的气氛，之后彻底被比赛的进程所打破。双方在90分钟常规时间内打成了1：1，但大连队三次疑似点球都没有得到当值主裁判的判罚。最后，加时赛双方依然未分胜负，只能进行点球大战，结果大连万达以6：7告负。

对于当值裁判的判罚，王健林极为愤怒。赛后，王健林第一时间冲向当值主裁，让他给个说法。疯狂的球迷们也把矿泉水瓶像雨点一样从看台上扔下，当值主裁和助理裁判是抱着头跑进体育场通道的。

在赛后新闻发布会上，按惯例，两队的教练员发完言后，发布会该结束了，但王健林却突然冲了进来。辽足的主帅感到很疑惑，便问道：“不是已经结束了么？”王健林毫不客气地回答：“你走你的，我说几句话。”然后，王健林发表了一番震惊当场的言论：“我本来不应该参加新闻发布会，中国职业足球联赛搞了5年，虽然有进步，但比赛场上黑暗面太多了。因此，我郑重提出两点：一、万达足球俱乐部将对本场比赛的执法全力申诉；二、基于目前的现状，搞足球还不行，因此我正式宣布，今年联赛后万达将永远退出中国足坛，以示抗议！”

听了王健林的话，大家都感到极为吃惊，很多人认为，王健林说的只不过是负气之言，估计要不了多久就会改变主意。可就在第二天，更加令人震惊的事情发生了。这天，万达足球俱乐部紧急通知的各家媒体的记者陆续来到万达大厦 28 层新闻发布厅入座。9 时 22 分，王健林步入大厅。他坐下之后没有任何开场白，直接介入主题："我首先声明今天所做的决定不是一时冲动，是经过昨晚和今早慎重的考虑后做出的，这绝不是因为俱乐部输不起，而是因为过去对中国足球的一些想法如今变得更加明确，昨天的事情只是起到了催化剂的作用。"

显然，王健林在事前已经做了充分的准备，他把他的发言总结成五点意见，以下就是他的讲话实录：

一、98 足坛黑哨太猖狂。昨天的比赛点球不吹，进球不算，如果就是因为万达队打得不好，也没有什么好说的，但事实上并不是如此，两支水平相差无几的球队对垒，机会只有那么几次，却全被北京裁判给破坏了。今年中国足协两次给延边队发出致歉公开信，处分裁判也是历年来最多的。过去的黑哨一般都在客场，而今年明目张胆地挪到了主场。据说昨天中场休息时当值比赛监督已给过裁判警告，但他还肆无忌惮，明显是有些人不想让我们拿双料冠军，嫌我们太扎眼。依以往事例看，向中国足协申诉没有什么实际意义。

二、我们对中国足球已失去了信心。出现这种黑哨现象并不可怕，可怕的是没有根治的办法。吹一场黑哨比老老实实地吹几百场比赛挣得都多得多。中国足协的管理者没有拿出让广大球迷和俱乐部都满意的办法。依我看，中国足球如果不彻底进行体制改革和机制转换，2002 年世界杯照样没戏。我们集团不仅对万达队，对中国队也曾做出过重大贡献。上届亚运会赞助了 100 万，前年国家队组队拿了 80 万，去年十强赛拿出了 1700 万，其中合同规定是 1000 万，我们又自愿多拿出 700 万，包括包机等费用，我们确实发自内心地希望中国队能冲出去。

其实，我们队不只在今年，在以前也曾受过黑哨影响，万达队已经成了很多人的眼中钉、肉中刺，我们俱乐部目前已经对中国足球失去了信心，所以我们决定退出中国足坛。

三、我们希望万达集团退出中国足坛这件事能给中国足球界的领导和全国球迷提个醒，全国的冠军俱乐部被公认为最有潜力、运作得好的俱乐部都不得不退出。希望中国足坛的上层能够因此反思。

哀莫大于心死。惹不起躲得起。1994 年刚刚介入足球圈时，曾有一位足球界的老前辈对我说："小王，足球圈里很黑的，来搞它做什么。"现在我退出了。

四、万达俱乐部在今年联赛结束后，面向全国转让万达俱乐部全部股份。如是大连市的企业想购买万达队，我们将无偿转让，包括一线、二线、三线、四线队，训练基地如果想购买，将半价出售，如果不买将无偿使用。

外地的企业如果想购买万达队并能冠以大连市名，我们也将无偿转让，如果不能由大连市冠名，我们将实行有偿转让。之后所有的收益将全部捐给大连体育部门。另外，国外的企业如想介入也可进行商谈。

五、万达集团不搞足球后将一如既往地热心于公益事业。我们不搞足球了，不过是把我们的投入更多地转向社会的公益事业，如希望工程、扶贫帮困等。

讲完五点意见之后，王健林意犹未尽："中国足球已经走了弯路，各俱乐部竞相投入攀比，致使球员的收入比工薪族高出许多倍。可搞了这么多年了，水平还是上不去。"接着，王健林提高了嗓门："假如有司法部门介入，我们有充分的证据证明中国足球有多黑，有多少黑哨和假球，我搞了 5 年足球，我了解情况，各家在场外下的功夫比较多。"王健林用这句足以令中国足坛震撼的言辞结束了他的讲话。

1998 年的足协杯赛，最后的结果是上海申花战胜了辽宁，拿到冠军，上海八万人的体育场为此陷入欢乐的海洋。实事求是地说，在当时，属于中国足球的第一个黄金岁月还没有过去，中国足球市场依然无比火爆。但军人出身的王健林向来说一不二，他既然已经说出要退出，当然不会自食其言，在进行了一年的缓冲期后，1999 年，王健林和他的万达集团完全退出了中国足球。

回过头来看，遭遇假球、黑哨只是王健林退出足坛的表面原因。深层次的原因有两个：一是对于体制感到无奈，中国足球当时可以说是官办足球，王健林只有拿钱的命，没有任何话语权，所以，他觉得继续做下去很没有意思；二是王健林进来以后没有遏制这种局面。如果加入进来后，能把官办足球变成市场足球，那么，依照王健林对足球热爱，他一定接着做。

1994 年，当万达足球俱乐部作为中国第一家职业俱乐部披红挂彩地宣布成立时，时任国家体委主任的伍绍祖对王健林说："你们要杀出一条血路来。"1999 年，在中国足球陷入黑暗期的前夕，万达彻底退出，在当年的万达集团年度报告中，王健林不忘对中国足球进行一番嘲讽："中国有两个最臭的行业，一是股市，二是足球，用东北人的话说，是两个兽医抬头驴，没治了。"

退出足坛后，万达在主业上狂飙突进，发展成为中国最大的商业地产企业。面对媒体时，王健林也一直闭口不谈大连足球，而且他的主要产业基本离开了大连。大连足球为万达打下的金字招牌，也成为王健林事业飞黄腾达的重要资本，他对大连足球自然也有着深厚的感情，只是将这种感情深埋心底而已。2008 年，当有关方面建议让王健林接手大连足球时，他意味深长地说了一句话："把我当年的人都收回来，我就接手大连队。"

在中国足球大举反赌扫黑时，很多人都佩服王健林的高明，在中国足球低谷到来之前选择离开，可事实上，有谁看到王健林离开时的眼泪以及他深藏在内心的忧伤与无奈呢？

重返足坛，只因一个不变的“足球梦”

就像王菲在《传奇》里所唱的，“我一直在你身旁，从未走远”。对于足球，王健林一直有一颗不可割舍的心，尽管曾经告别足坛，但对于他的回归，很多人都充满信心。

2011 年，一个令人振奋的消息引起足坛轰动——王健林携 5 亿元资金重归中国足球圈！万达集团与中国足协签订战略合作协议，承诺在 3 年内向国字号、青少年等领域注资 5 亿元人民币，以帮助中国足球发展。

或许是离别得太久，足坛已物是人非，万达赞助中国足球的第一个举动遭受失败，其天价赞助国足聘请洋帅卡马乔的结果以其灰溜溜下课而告终。2014 年，王健林选择退出赞助国足。

王健林也曾经考虑过收购一支中超球队的可能，他甚至曾经想买下如今已经没落了的大连实德队。但最终，王健林还是选择了放弃，因为他明白，如果他经营一家中超球队，要想保证不被广州恒大所压制，是非常难的。因为时下中超的资源已经被广州恒大所垄断，万达作为后来者，已经失去走上舞台中心的机会。而且让他多少感觉到无趣的是，当很多中超老板还没有接触足球时，他就早已亲手缔造过辉煌一时的万达王朝。所以，现在即便他再造一支媲美“广州恒大”的足球队，成就感也不会太强烈。

何况，通过过往的历史不难发现，即使强大如王健林者，在中国足球圈内也有一个难以实现的中国梦，“曲线救国”的希望反而更大。重返足坛，王健林并不只是想当一个简单的赞助商，靠足球去赚钱，他想得更多的还是推动中国足球、中国足协的体制改革和功能转换。如此，重返足坛后就不能只在中国足协的监管下行动，还有一个双方理念、做法等方面的碰撞问题。这就不可避免地会导致一些矛盾的产生，比如说国足选帅，王健林就不仅白白浪费几个亿，还因为卡马乔的失败招来骂声一片。这个博弈过程是观念问题，也是一个体制的碰撞。作为民营企业家，跟中国足协这样一个政府机构，在具体做法上不可能完全一样。

网上曾曝出王健林和足协官员的一次具体对话。王健林说："究竟是你们懂经营，还是我们这些老板懂经营？"足协官员说："那当然是你们，我们没法和你们比。"王健林说："那你们干吗不把经营权交给我们？有钱一起赚？"足协官员笑笑说："那怎么可能？"

话说到这个份儿上，对已经无须通过足球来打造品牌的万达来说，想要通过自己的想法和思路做些事情，就不能把自己困在中国足球这一方天地内。其实，王健林在重返足坛那一刻对此就做好了准备，试水足协失败之后，王健林很快将触角伸到了欧美足球强国。

出人意料的是，向来喜欢大手笔的王健林这次并没有选择入股欧洲顶级豪门俱乐部，而是选择了西班牙甲级联赛劲旅马德里竞技这个第二梯队的俱乐部。对此，王健林其实是经过精密计算的。综观全球的足球市场，能够从人才培养到品牌终端的全产业链布局的国家只有西班牙和德国，在考察了几乎所有西甲和德甲俱乐部后，马德里竞技在特质上更符合王健林的要求。因为德甲整体财务运转良好，对于外部融资的诉求不高，而西甲整体负债极高，对外部资本颇为渴望，马德里竞技的总债务规模达到 5 亿欧元，其中包括 2 亿欧元的政府债务，俱乐部一直希望引入战略投资者缓解财政问题。

此外，马德里竞技拥有王健林最看重的资产，那就是完备的青训系统以及对于半成品球员的深加工能力。在西班牙，马德里竞技的青训系统虽然不如巴塞罗那的青训系统，但也培养出托雷斯等顶级球星，而且通过转会操作，在巴西、阿根廷网罗下来的半成品球员中，也诞生出法尔考、阿奎罗这样备受豪门追捧的球星。更何况，万达要想成为巴塞罗那的核心股东，所要付出的代价可不是4500万欧元那么简单。

其实，早在2011年重返足坛时，王健林就已经与马德里竞技结缘，当时，万达集团与中国足协签订了一份协议，协议的主要内容之一就是支持中国足球振兴，特别是资助中国青少年足球人才赴西班牙留学，留学选定了三家足球俱乐部，分别是马德里竞技、瓦伦西亚、比利亚雷亚尔。

2014年，王健林在西班牙考察期间，刚好赶上瓦伦西亚俱乐部对外出售。在瓦伦西亚和马德里竞技之间，王健林思考良久，最终，他选择了马德里竞技。“马竞更有价值，去年拿到了西甲的冠军，欧冠冠军失之交臂，现在成绩也很好。”

除了价值巨大，马德里竞技足球俱乐部打动王健林的还在于对青少年训练的认真和专业。万达集团曾在之前选了90个小孩子去西班牙培训，马德里竞技是其中一个主要的俱乐部。在合作过程中，王健林感觉到在这几家俱乐部中，马德里竞技对国内青少年的培训格外认真和投入，而且安排的一些重要的国际比赛，使小孩子的训练和比赛成绩都有很大的提升。

对于投资马德里竞技的主要原因，王健林直截了当地表示，就是为了助力中国青少年足球的发展，为更多小球员赴西班牙踢球提供渠道，“为了促进中国足球，我愿意花钱。”

王健林内心十分清楚，足球是撬动商业的最好工具。当年，他正是凭借万达足球的金字招牌，发展成为国内商业地产的“领头羊”。显然，这一次入股马德里竞技也是想通过足球来试探西班牙商业的反应和气息。当然，除此之外，王健林还有更长远的规划。以万达的实力，王健林完全还可以收购更多的股份，不仅进入董事会，还可以轻松掌控俱乐部。可是在他看来，与马德里竞技合作的重点在于青少年足球培养，而不是一线球队的建设。无论是建设马德里青训中心，还是在中国兴办足球学校；无论是赞助中国球员登陆欧洲联赛，还是促使万达留学小球员进入马德里竞技梯队，王健林所有的足球投资，都是直指中国足球崛起这个大梦想。由此可见，王健林在搞商业足球、产业足球的同时，他心底最纯真的足球梦始终没有放弃。其中，全力抓好青少足球正是“曲线拯救国足”的大举措。

不过，对于王健林的这一举动，很多中超老板并不认同，就连他的好友、恒大老总许家印对此也持保留态度，他调侃说：“我一向有一个观点，我们不能到欧洲、到其他国家去买一个一流的俱乐部，这是没有意义的，我们要把我们自己的球队打造成为世界上一流的球队。”显然，许家印这句话针对的就是王健林入股马德里竞技足球俱乐部的行为。当时，在收购马德里竞技的发布会上，王健林曾率先“挑衅”说，“马竞给我们的出价非常便宜。我们中国的一家俱乐部，50% 的股权卖了接近 2 亿美元。马竞则完全是朋友价，整个估值才 2.2 亿欧元。”王健林的这番话里，很多人都听出了弦外之音，因为马云的阿里巴巴收购恒大一半的股份花费就接近 2 亿美元。

当然，调侃挑衅也好，互掰手腕也罢，目前中国足球三位大佬王健林、许家印和马云都有自己心中的足球梦，都有一个共同的目的——在争取商业利润最大化的同时，为中国足球做出自己的贡献。

不难看出，无论是从经济的角度，还是从梦想的角度来看，王健林重返足坛后，都不会再轻易放弃。从足球发展角度来看，王健林借西甲助力国足的举措，要比在中超烧钱高明得多。如今王健林已成功进入马德里竞技足球俱乐部的管理层，对于大连万达集团连续 3 年输送到西甲的百名青少年球员来说，无疑是最大的利好，这意味中国球员立足欧洲联赛不是梦想。假如这些球员将来能够进入西甲联赛中，或者通过西甲扩散到欧洲其他联赛里，对于中国足球未来的发展，是一个行之有效的辅助。退一步讲，就算中国足球短期内无法成为足球强国，但至少为实现“中国冲出亚洲，再次参加世界杯”的梦想产生巨大推动力。

从以上分析可以看出，王健林重返足坛后布下的巨大棋局无疑是中国足球之福。相信在不久的将来，国青、国奥等国字号球队，将开始出现大连万达投资培养的球员，这些能够在马德里竞技各个梯队中成长的小球员，将肩负和承载中国足球新的希望。假设一下，如果未来的国脚，都是通过这样的方式培养出来，王健林那强大中国足球的梦想，要变为现实也就不是没有机会。

是情怀也是投资，用足球撬动商业帝国

足球球迷在全世界数以十亿计，在欧洲，足球一项体育产业的收入超过其他所有体育产业收入的总和。“世界杯”无论是收入，还是观看人次，都超过了奥运会，也是全世界竞争最激烈的体育赛事。

对于足球，王健林身上有着浓厚的足球情怀，这是显而易见的。不管是当年一手打造了“大连万达”这个中国足球职业化时代里的第一个霸主，还是回归足坛后一系列大手笔，无不体现着他对中国足球难以割舍的情怀。

但足球于王健林，并不只是一种情怀。假如有人说，王健林是一个纯粹的球迷，只是一心想把中国足球搞好，那么，你就无法解释王健林注资马德里竞技、收购盈方、搞大体育产业这一系列行为背后的商业元素。何况，在出席瑞士达沃斯世界经济论坛时，王健林也的确曾亲口表示自己爱足球也更爱钱。

王健林的足球图谱

1994 年 3 月 8 日，大连万达足球俱乐部正式成立，由王健林担任董事长；

1999 年，王健林和万达集团完全退出了中国足球，期间夺得了 4 座联赛冠军奖杯；

2011 年，王健林的万达集团与中国足协签订战略合作协议；

2014 年 10 月，注资马德里竞技足球俱乐部，以足球撬动西班牙商业市场。

事实上，每个中超球队的老板或多或少都是喜欢足球的，足球的魅力，牵动着无数企业家的心，王健林也不例外。但与其他那些投资足球的老板相比，在心底保留一份对足球挚爱的同时，王健林还很理智地将足球当成了一块敲门砖。当年一个大连西岗区街道企业，因为经营足球而受益良多。如今，万达集团在欧洲出现经济危机的大背景下，开始了自己的海外投资战略，足球无疑也肩负着敲门的重任。

2014 年，国务院出台《关于加快发展体育产业促进体育消费的若干意见》（又称“46 号文件”）将体育产业定调为绿色产业、朝阳产业，“46 号文件”取消了商业性和群众性体育赛事活动审批，通过市场机制引入社会资本承办赛事。此举为民营资本涌入此前的垄断市场打开了大门。

在国家这个利好政策出台后，王健林看到了机会。另外，王健林在之前终止与足协的合作项目时，有一个项目却并没有撤出，那就是我国青少年的足球留洋培训，而这个项目也成为万达开拓西班牙市场的一个重要敲门合作。不到一百个孩子在西班牙进行 3 年的足球学习，万达集团就支付两亿元人民币的培训费，这在西班牙还是一件比较轰动的事情，通过与西甲三家俱乐部的青少年培训合作，王健林让西班牙足坛认识了万达集团的实力和出手力度，以至于连皇马这样的足球豪门都在期待万达集团投资入股。

与此同时，万达在西班牙的商业拓展也十分顺利。2014 年 6 月，万达集团以 2.65 亿欧元成功收购了马德里市中心地标建筑——西班牙大厦；按照规划，未来十年万达将在境外 10 个主要城市建立万达酒店，马德里则被视为重中之重；万达集团还计划在马德里投资超过 30 亿欧元，兴建一个高档商务休闲住宅区，该项目已经进入规划沟通阶段。在这样的大背景下，万达集团选择注资马德里竞技足球俱乐部，迅速就在西班牙赢得良好的信誉和口碑，同时也帮助他们迅速突破了在西班牙进行商业投资时容易遇到的法律法规障碍，打通商业开发的一切社会环节。很明显，王健林是用足球撬动万达商业帝国走向西班牙的成功大门。

另外，尽管形势良好，但万达并没有急于控股马德里竞技足球俱乐部，只是掌握了 20% 的股权，这种比较“温和”的做法，在西班牙足坛甚至西班牙社会都树立了良好形象和风度。甚至万达集团在西班牙的房地产行业投入，也是他们力争在西班牙站稳脚跟的善意投资，更像是向西班牙社会表达自己的一种诚意，因此，王健林甚至被西班牙政府授予年度投资奖的荣誉。

另外，不同于运营良好的德甲联赛，西甲联赛几乎所有球队都没有直接盈利的记录。所以，王健林投资马竞其实更多是花钱买人气和身份，是在寻求自己产业转型的机会和条件。可以说，王健林希望用足球真正敲开西班牙的房地产市场，而不是去投机。

当然，王健林之所以选择西班牙市场，更重要的还在于商业方面的因素。2014 年，国际货币基金组织在名为《世界经济展望报告》的文章中预测，2015 年西班牙经济增速将居欧洲各大经济体之首。作为经济复苏的重要推动力之一，西班牙房地产行业将呈现井喷趋势。依靠敏感的商业嗅觉，王健林迅速发现了这一商机，而西甲联赛又最适合投资，如此，足球自然成了王健林进军西班牙房地产业的敲门砖。

第 4 章

万达广场：一直被模仿，但从未被超越

从第一代商业地产单店到第二代商业地产组合店，再到第三代城市综合体以及现在的第四代文旅商综合体——万达茂。万达广场在 17 年的时间里，历经四次改革创新，每一次创新都使万达跃上新台阶。万达广场一直被业内模仿，但是时至今日，从未被超越！

战略布局：一座万达广场，一座城市中心

一个具有代表性的商业中心的崛起，能带动整个城市的发展和进步，而一个伟大的城市，也必然会有一个代表其形象、为其聚集财富的商业中心，综观中外，莫不如是。在中国，万达所到的每个城市都流传着这样一句话——“每座万达广场，都是一个城市中心。”这样极其有力的宣传口号对万达集团而言，不仅仅是自身超级实力的体现，更是万达广场在所到城市的真实描述。

作为中国商业地产的代表企业，万达集团通过对一个又一个城市综合体的打造，创造了商业史上无法复制的传奇，对于推动中国城市的现代化进程更是功不可没。在全国一线乃至二线、三线、四线城市，万达所到之处，无不改变着这个城市和市民，也改变了整个城市的商业文化。万达广场走到哪里，哪里必定繁华起来，哪里也必定资本涌动。

2001 年底，通过一年多的不懈努力，王健林终于和沃尔玛敲定合作关系，随之，长春万达沃尔玛购物广场破土动工，之后，万达广场开始出现在中国很多城市的中心：南昌万达广场、长沙万达广场、武汉万达广场、北京万达广场、上海万达广场、西安万达广场……到 2005 年，万达集团在 12 个城市开发

了 12 座万达广场，平均每年 3 个。而随着这些万达广场的陆续开业，沃尔玛、苏宁电器、百安居、国美电器等国际驰名品牌越来越多地集中在这个叫万达广场的建筑群里，使那些没有万达广场的城市无不为之艳羡。

2005 年以后，万达广场第三代产品——城市综合体横空出世。王健林指出，“与前两代万达广场不同的是，城市综合体不再以城市中心区为主攻方向，转而向潜力巨大的城市非中心区和新兴中心区进军”。

2005 年，万达广场进入宁波、上海、北京三地，宁波万达广场选址在近郊区地带，上海万达广场同样选择在“人烟稀少”的上海老工业区五角场地带，北京万达广场也选在了三环之外，王健林和新的万达广场开始经受发展战略大转变的考验。

所幸，王健林和万达经受住了这次考验，并创造了一系列的商业奇迹。

2006 年，王健林一手发起万达史上著名的“三大战役”。当年 12 月 23 日，位于上海五角场的上海万达广场正式开业。让业内人士吃惊的是，就在上海万达广场开业的前一天，宁波万达广场也以同样的声势隆重开业。而随后第四天，北京万达广场也正式开业。这三处第三代万达广场在 2006 年的同一月份的一周内相继开业，最终成为让万达上下引以为豪的 2006 年“三大战役”，这“三大战役”在不经意间创造了中国商业地产史上不可复制的神话，难怪有人感慨说：“如果我们有一万个万达这样的企业，那么中国的民营企业就会十分了不得。”

“三大战役”是万达第三代产品的经典开篇，在很短时间内就轰动中国。此后，新一代万达广场不断在各地开业，迅速成为城市商业中心，万达随之也成中国商界的焦点。

“三大战役”成功打响后，在一年后的差不多同一个时段，成都万达广场宣告开业。开业当天，场面十分火爆，在通往万达广场近 2 公里外的道路上，竟然就已经出现了水泄不通的交通拥堵现象，以至于开场嘉宾冯小刚为了赶上开业时间，不得不弃车狂奔两公里。随后，哈尔滨香坊万达广场、西安万达广场也相继开业。第三代万达广场开一家，火一家，没有一次失败。至此，包括万达一代、二代项目所占据的城市中心及第三代产品所创造出的新城市中心，万达广场的特征和他们的口号名实相符：一座万达广场，一个城市中心。第三代万达广场凭借火爆的开业现象，为中国商业地产的发展书写了令人难忘的辉煌。

时间到了 2011 年，这一年，万达全年有 16 个商业广场盛大开业，其中郑州中原万达广场开业当天吸引了 38 万人进场，这个人数超过了世博会的规模！让业内人士大呼不可思议。年末，唐山万达广场的盛大开业，为万达 2011 年的布局计划画上了完美的句号。

2013 年 5 月 25 日，大连高新区的大连高新万达广场在万众瞩目下盛大开业，成为 2013 年开业的首座万达广场；6 月，厦门集美万达广场、无锡惠山万达广场开业；长春宽城万达广场也于 8 月盛大开业；9 月，武汉汉街万达广场开业，作为万达广场的全国一号旗舰店，武汉汉街万达广场是万达集团创新产品模式的代表作品；12 月，徐州云龙万达广场、丹东万达广场、南京江宁万达广场也相继盛大开业。

“万达所至，繁华所指”。对商业中心来说，客流就代表财流，因此，万达广场不仅是繁华的象征，更是盈利的保证。在这个新城市主义思潮流行的时代，如万达广场这般便捷、全面、时尚的城市综合体，相较于传统的商业购物中心，无疑更能吸引消费者的视线，进而拉动消费者的脚步，打开消费者的钱包，形成火爆的人气与高额的销售业绩。

数据统计显示，万达广场 2017 年全年总客流 31.9 亿人次，2018 年全年总客流 38 亿人次。在开业客流方面，武汉菱角湖万达广场当天客流超过 40 万人次，福州金融街万达广场开业 5 天总客流超过 150 万人次。客流的增长，并不是什么数字游戏，它真实反映出万达广场品牌影响力正在不断增强。

依靠强大的资金实力和领头人王健林身经百战的商战资历及不断进取的商业精神，万达广场所向披靡，创造了无数商业地产佳话。尤其进入第三代万达广场开发后，众多城市中的万达广场，不但开业之时就是旺场之时，迅速创造新城市中心，而且无一例外都成了周边楼盘的增值器，“和万达广场做邻居”“距万达广场 500 米”等房地产广告语就是最好的证明。万达广场周边的楼盘价格猛涨，而且周边很多消费、娱乐场所也随着万达广场的出现而猛增。

王健林布局多年，如今的万达广场已覆盖全国各地。提到万达广场的品牌魅力，无论是业界还是整个中国市场，都是鼎鼎大名，吸引了众多国际知名品牌依托万达广场形成连锁之势。细数万达广场的品牌合作伙伴，主力店全部是国际级的，而对于这些国际品牌，也只有万达广场能够将他们集合在一起形成“商业联盟”。而这种业界最为珍贵的“商业资源”，万达却能够拥有，这正是万达广场品牌的魅力所在。

运营模式：丰富的经营业态，把握了商业的本质

在第三代城市综合体推出并迅速发展以来，万达广场开业必然火爆和开业后几乎没有培育期、迅速实现盈利的表现，在行业中被传为佳话。万达广场也为商家带来了可观的销售业绩，据统计分析，万达广场内的商家的销售业绩通常是其他商业地产项目的 3 倍以上。

那么，万达广场在运营模式上有什么特点，为什么能够汇聚如此多的客流，使入驻的商家取得优异的销售业绩呢？在 2005 年的杭州商业地产论坛上，王健林总结了万达广场运营模式的主要特点，归纳起来，有以下几个方面。

一、“订单地产”，“只租不售”

“订单地产”的商业地产开发模式是由万达集团在全国范围内率先提出的。无论是哪一个万达广场，在规划设计和开发建设之前，万达集团就已经提前完成各种主力业态的招商，按照不同业态的要求进行设计和建造，这既满足了商家对物业条件的要求，又为商家提供了强大的人气支持。同时，万达集团对万达广场的商业部分实行只租不售，保证了对万达广场经营的主动权。

二、规划设计更加符合商业经营需要

在多年的商业地产发展过程中，万达集团形成了项目选址、规划设计、订单招商、开发建设、运营管理等商业地产发展的完整的产业链，万达始终以商业经营为核心，专注研究商业地产行业的经营规律。特别是上文提到的万达商业规划研究院，这个研究院总结和建立了一整套商业地产建造标准，引领国内行业的发展趋势。同时，万达广场在规划设计和开发建设阶段，能够为不同经营业态提供完善的物业条件，最大限度地降低商家的开店成本，为商家提供方便。

三、保证满场开业，迅速形成商圈效应

在扩张过程中，万达广场始终将满场开业作为最基本的经营原则。为了实现满场开业，万达根据项目开发进度，实施招商计划管理，在不同的阶段完成主力店、餐饮业态、零售业态的招商目标，保证“订单地产”的充分实现。同时根据商家所需装修时间，安排装修计划，有序地安排商家进场装修，并协助商家进行现场装修管理。开业前期，统一协调政府各职能部门，负责和组织商家统一办理消防验收、卫生防疫、工商执照、税务登记等开店和开业手续，为商家节约了大量的时间和人力、物力。万达广场的满场开业，避免了部分商家先开业，苦熬培育期的局面，为每个商家创造了良好的经营条件和经营环境，充分体现购物中心的规模优势，能够迅速形成商圈效应。

四、以稳场、旺场经营为前提，加大主力店和餐饮娱乐业

万达广场特别重视经营业态的合理规划和配置，为了加大主力店的经营占比，甘愿牺牲部分自身的租金收益，选择依靠主力店自身的品牌优势、经营能力、聚客能力，增强万达广场的效益。比如，上海周浦万达广场主力店经营面积占比为 78%，南京建邺万达广场主力店占比为 81%。同时，适当加大餐饮娱乐业态的经营占比，丰富广场的经营业态，发挥餐饮娱乐业态的聚客优势，快速聚集客流。比如，上海周浦万达广场餐饮娱乐业态经营面积占比为 51%，南京建邺万达广场餐饮娱乐业态占比为 53%。

加大主力店和餐饮娱乐业态占比，充分体现了万达集团在追求快速发展的同时，更加关注稳健性原则，保证万达广场经营的稳定性和成长性，保证商家的经营业绩和健康发展。

五、实行全场统一营销策划

以王健林为首的万达管理者始终以提升广场整体经营为目标，组织商家，共同策划广场和商家的营销活动。为了加大营销推广活动力度，万达集团在每个万达广场都投入了 2000 万元以上的专项资金，用于万达广场开业前后的营销推广活动。比如，石景山万达广场开业前三个月，商管公司联合主力店商家，在商圈内的 100 多个社区举行文化娱乐活动，发放宣传资料 30 余万份，使万达广场在开业前就已经家喻户晓。

通过一系列的营销推广活动，万达广场实现了各商家之间的营销联动，充分体现了大型购物中心多业态、多功能组合的聚集效应，以及各业态之间相互带动、互为补充的整体经营优势。

六、全面维护公共关系，营造良好的经营环境

万达广场经营业态十分丰富，每个万达广场都有数百个甚至上千个商家同场经营，商家在规范经营的过程中，需要接受各级政府众多职能部门的监督和

检查，商家想要与众多职能部门建立良好的关系，需要花费大量的精力。万达管理层从广场的整体经营出发，充分发挥万达的品牌优势，全面维护社会各界的公共关系，主动接受各级政府职能部门的监督检查，帮助商家特别是跨区域发展的商家排除经营困扰。很多商家颇有感触地说，在万达广场经营，可以安心地专注于做好店内经营，非常省心省事。良好的公共关系，为商家营造了良好的经营环境。

七、与品牌商家联合发展，提升了万达广场的竞争优势

万达广场在全国快速发展，不仅为国内外连锁知名品牌的发展提供了更多的选择，更为一些地方性知名品牌走向全国提供了跨区域快速发展的很好的经营平台。万达集团的专业选址、领先的规划设计、按计划如期满场开业和统一的经营管理模式，排除了商家异地选址的困惑，免除了商家进驻大型商业项目对满场经营和开业后经营管理的担忧。以电子游乐企业大玩家超乐场为例，2005 年首次与万达合作，作为特许经营行业，短短几年时间，大玩家超乐场在全国已经开店 20 余家，成为全国规模最大的室内电子游乐企业。

越来越多的知名品牌进驻万达广场，丰富了万达广场的经营业态，提升了万达广场的经营品质，同时也提升了万达广场的市场竞争力。

竞争优势：人无我有，独一无二的核心竞争力

万达在地产领域的领先主要是在商业地产方面，尤其是万达广场这个金字招牌。万达广场自问世到今时今日，进驻一百多个城市，并成功成为各城市的商业地标。随着万达的规模化扩张和战略性提升，万达广场在很多人心目中已

经与“城市中心”画上等号，而开一个火一个的事实证明万达广场的成功绝不仅仅是靠运气，而是有着独一无二的核心竞争力。

万达广场的核心竞争力，主要有以下几个方面。

一、选址上的地理优势

万达广场所到之处，其选址虽不在城市的核心位置，但大都处于城市交通枢纽之上，广场周边的各项社会配套资源齐备，商业位置好，优势突出，再加上万达自身强大的经营能力，万达广场一旦开业，自然就容易创造出“1+1>2”的价值。

那么，万达为什么总是能够拿到城市的黄金地段呢？王健林认为主要原因在于，作为全国商业地产的带头大哥，万达集团拥有将近 30 年的房地产开发经验，15 年的商业地产开发经验，旗下有万达商业、文化产业、电子商务、金融产业这四大支柱产业，是全球最大不动产企业之一，而且背后有五大国有银行巨额授信作为强力后盾，贷款获国家特批绿色通道，5 亿元之内无须审批。万达广场发展到现在，选址往往已经无须自己寻找，都是由当地政府挑选最好的地块供万达选择。可以说，地理上的优势，是由万达强大的商业实力决定的。

二、区域升值的推动器

与传统的住宅开发和单业态项目建设不同，万达广场以“城市综合体大师”著称。依靠集约化和高复合的业态，万达广场具有强大的城市造心功能和商圈制造能力。作为城市综合体，万达广场包罗万象，涵盖了大型商业中心、五星级酒店、高级写字楼、公寓、住宅、国际影院等多重业态，真正实现了购物、办公、居住、娱乐、休闲的多功能复合。同时，每个万达广场招商时都会引进数十个首次进驻当地的国内外一二线品牌，为城市带来一场品牌的盛宴。

可以说，万达广场的出现极大地缩短了人们用于享受的时间成本，无形中增加了活动内容，进而促进了周边地区的商业繁荣。万达主力店组合在一起的大商业不单是服务于一个项目、一个区域，而是服务于整个城市。当万达在一个区域开发项目，这个区域的发展都会以万达广场为核心向外扩容，只要在万达广场的辐射半径内，都将被发动、激活起来。依托商业所形成的强大辐射力，万达得以驱动城市前行。

三、完整的产业链优势

到目前为止，万达广场是国内唯一拥有完整产业链的大型商业地产机构，这里所谓的唯一的完整产业链主要包括以下三个方面。

前期规划设计：万达拥有全国唯一的商业规划研究院，我们在前文多次讲过，这里再引用王健林的一段话来表现其重要性，王健林说："万达的酒店公司、规划院，几年之内是要出大师的，甚至不是几个而是十来个大师，出一批懂购物中心、五星级酒店设计的大师。这不是开玩笑，因为商业地产、五星级酒店，一般规划院很少有懂的。我们的规划院一位副院长，有一次到一家著名的国家一级院去方案交底，这个院的很多人都跑来听，他们都觉得非常新鲜，因为以前从没接触过。万达国土上成熟的系统，让其立于不败之地。还有一位同志去杭州向政府汇报方案，虽然只是很简单的汇报，但他们规划局的领导听完汇报后，就要求我们的同志下次再去的时候给他们规划部门的全体同志讲一课。可见在这个领域里，万达已经远远走在全国设计单位的前面，将来万达规划院肯定会成为全国响亮的品牌。"

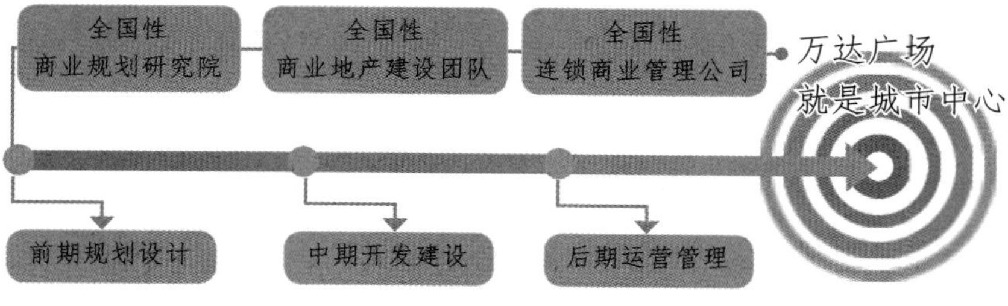

图 4-1　万达广场产业链

中期开发建设：开发建设是万达的看家本领，也是万达的专长，万达最独特的东西是成本、销售、租金这三个决策文件。一般来说，万达开工之前就会制定出三套涉及二十几个子项的控制性决策文件，做到先算后干。

后期运营管理：万达拥有全国唯一跨区域的商业管理公司。虽然国内号称商业管理的公司有成百上千家，但真正能在全国跨区域大规模进行商业管理的企业，只有万达一家。万达商业管理公司现在有几千人的队伍，专业化水平越来越高，连续三年的租金收缴率都在 98% 以上。收租率能达到这么高，并不仅仅是专业化水准高，也是因为万达"订单商业地产"的威力，万达选择联合发展的都是商业连锁的品牌企业，他们抗风险能力强，非常重视信誉，不会拖欠租金。

四、影响巨大的社会效益

万达广场是典型的企业效益与社会效益高度统一的项目，这已得到许多地方政府的认可。从某种意义上来说，万达广场并非简单的商业工程，同时也是利国利民利城的"造福工程"。

数据统计显示，万达每一个城市综合体的正常运作都能够创造一万个左右稳定的就业岗位，可以说帮助政府解决了大问题。在创造大量就业岗位的同时，万达还能为国家提供数额巨大且非常稳定的税收。比如，在上海、北京这种一线国际化大都市，上规模的万达广场，每个项目每年能为政府提供多至几亿元的税收。除此之外，一座万达广场往往拥有十几个主力店，零售、文化、体育、娱乐、休闲、餐饮、五星酒店都综合在一起，万达每到一个城市便把这个城市的商业设施升级到世界一流的水准，这也是社会效益的突出表现。

五、独有的商业合作伙伴资源

针对不同企业，王健林就万达广场的合作模式开创了三种体系。

第一种是紧密型合作伙伴：万达已经与多家不同业态的主力店签约，这些主力店是万达的“紧密型合作伙伴”，按照约定，万达去哪里他们就必须跟到哪里，否则就要承担相应的经济惩罚。但事实上，万达广场开一个火一个，商家进来就赚钱，这些主力店自然会紧紧跟随，且会吸引更多的主力店加盟。

第二种是战略合作伙伴：万达的战略合作伙伴有 30 多家，都是国际和国内的知名企业，也都签了合作协议，不过作为战略合作伙伴，他们有选择权，某个项目可以选择来，也可以选择不来。万达与这些合作伙伴事先约定，发出项目信息后，在规定时间内他们先要决定是否进入，然后才会根据他们的需求进行规划设计，双方认可之后再签一个具有法律效力的文件，叫作下订单。

第三种是中小连锁企业：万达还有一批中小连锁企业伙伴，像必胜客、肯德基、麦当劳，其实也是紧密型合作伙伴，基本上每店必跟，但因为体量小，所以不算主力店。

以上这些独有的商家合作伙伴资源就是万达的核心竞争优势，万达走到任何地方投资，最少有几十家大小主力店跟进，这就意味着 80% 以上的租赁有了保证。

进化升级：四代万达广场都有哪些不同

王健林领导下的万达集团从 2000 年开始由住宅地产向商业地产转型，从第一代单店模式到现在的第四代文旅商综合体，17 年的时间里，万达广场已经历四代嬗变和创新，下面来逐一分析万达四代商业广场的特征和优劣。

一、万达第一代商业广场：单店模式

项目开业时间：2000—2003 年

项目特点：

（1）选择省会或中心城市布局；

（2）选址在当地最好的黄金地段；

（3）模式就是一整栋楼，占地面积在 1.2 万 ~2 万平方米，总面积在 4 万 ~6 万平方米左右；

（4）主力店一般 3 家，沃尔玛超市、家具家电专业卖场及万达影院；

（5）业态分层布局，地下是停车场，1 层是分割销售的小店铺，主要卖服饰，2 层、3 层是超市，4 层是专业卖场和影院；

（6）建筑形态都为单个盒子式。

代表项目：长春重庆路万达广场、青岛台东路万达广场、南京新街口万达广场、南昌万达商业广场等。

产品点评：第一代万达商业规划简单，大型超市吸引人流，电影城留住人流，大型停车场提供服务，这一新兴的商业模式，便于快速复制，被很多资金实力雄厚的投资者所看好。但缺点也有很多，比如，仅凭一楼铺位的散售，难以支撑万达快速开发的现金流。这些店现在经营得还不错，但却都是熬出来的，经历了很多的磨难，打官司、退租、退铺，各种危机都遇到过。

二、万达第二代商业广场：纯商业——组合式

项目开业时间：2003—2004 年

项目特点：

（1）选择省会或中心城市布局；

（2）选址在当地最好的黄金地段；

（3）占地面积在 5 万平方米左右，建筑面积在 15 万平方米左右；

（4）经营业态开始变多，有百货、超市、建材家电、专业卖场、影院；

（5）每个主力店都为一个单体盒子，由多个盒子组成商业广场。

代表项目：沈阳太原街万达广场、天津金街万达广场、武汉江汉路万达广场等。

产品点评：较之第一代单体店，万达第二代商业广场有了长足的进步，规模扩大了两至三倍，增加了百货、影院、电玩、餐饮等多种业态和品牌店，可销售面积也更大，通过各自的影响力，可以形成相互之间的吸引力，最终对消费人群产生一种巨大的合力。缺点在于仅仅停留在第一代卖一楼、第二代卖两个一楼这种简单的相加模式，其实质和第一代没有太大区别，也依然没有完全把握住商业地产的精髓。主要缺陷有三点：一是没有规划室内步行街，人流动线设计不合理，店和店之间也没有联系；二是纯商业定位，除了商业外，没有文化、娱乐、体育酒店等别的业态；三是零售类比例过大，占总经营面积的90% 以上。

三、万达第三代商业广场：多产品——城市综合体

项目开业时间：2004 年以后

项目特点：

（1）选择省会、中心城市以及三四线城市布局；

（2）选址在城市副中心或城市新区的中心；

（3）占地面积在 10 万 ~20 万平方米，建筑面积在 40 万 ~80 万平方米；

（4）产品包括星级酒店、写字楼、酒店式公寓、大型购物中心、商业街区、广场及高尚居住社区等；

（5）商业的主力店一般为百货、超市、专业卖场、影院、美食等；

（6）建筑形式为综合体，以“盒子 + 街区 + 高层”的组合形式。

代表项目：宁波鄞州万达广场、上海五角场万达广场、成都锦华路万达广

场等。

产品点评：万达商业地产升级至第三代——城市综合体，万达城市综合体包罗万象，涵盖了大型商业中心、五星级酒店、高级写字楼、公寓、住宅、国际影院等多重业态，真正实现了购物、办公、居住、娱乐、休闲的多功能复合。大商业业态配比更加科学合理，与前两代相比，城市综合体的特色极为鲜明。

万达集团吸取了前两代万达广场开发的教训，学习国外开发城市综合体的经验，通过住宅、公寓、写字楼、商业外街等可售物业的回笼资金，支持购物中心的开发与运营，有效解决了现金流的问题。凭借这一模式和强大的执行力，第三代万达广场快速在国内复制并取得了阶段性的成功。但万达第三代仍有不足之处，如设计不尽合理、工程建设粗糙、管理粗放等，这些问题需要进一步完善。

升级至城市综合体后，万达在全国已经享有较高的知名度。尽管在当时的全国房地产开发商阵营中，万达的实力和影响还不及万科、碧桂园等“大鳄”，但随着万达的快速扩张，到 2007 年，万达集团在全国已经拥有数十个万达广场，在商业地产领域，是当之无愧的行业老大，并加速了扩张的步伐。

四、万达第四代商业广场：大型室内商旅文综合体——万达茂

项目特点：

（1）选择省会或中心城市布局；

（2）选址在城市副中心或新区的中心；

（3）南宁万达茂占地面积 47 万平方米，总建筑面积 158 万平方米；

（4）项目内容有文化、旅游、商业、酒店等，包括超大型室内主题公园、大型室内儿童乐园、国际影城、美食中心、商业中心、五星级度假酒店等；

（5）不再以商业为主，而以文化娱乐为主，零售占比低于 25%；

（6）所有项目完全室内，一年 365 天娱乐全天候，彻底解决气候对娱乐项

目的影响。

代表项目：南宁万达茂

产品点评：第四代综合体万达茂是万达集团创新的新一代核心产品，与前三代万达广场相比，发生质的变化，不再以商业为主，而是以文化娱乐为主，零售占比已经低于25%。

PART 2

进击：让万达颠覆万达，野心远超你想象

大家都卖咖啡，人家怎么就卖成了星巴克；大家都卖汉堡包，人家怎么就卖成了麦当劳。他们有一个共同点，把商业模式的创新作为最重要的创新。将商业模式创新再造，组织模式创新再造，这样一来竞争优势就有了。

——王健林

第 5 章

布局全球：战略永远领先一步，实施全球扩张计划

通过商业地产，完成万达的全国布局后，极具野心的王健林当然不会就此甘心。从 2012 年开始，万达跨国发展迈出实质性步伐。王健林试图通过积极布局全球，加速实现万达成为国际顶级企业的梦想。

海外之路：世界那么大，我想去闯闯

“世界那么大，我想去闯闯。”2016 年 2 月 23 日，王健林在牛津大学赛德商学院演讲中的一句语录，凸显了万达布局全球的雄心壮志。

2012 年，万达就开启了国际化转型之路，王健林也开始频频在海外出手，他曾公开表示：“万达已经把国际化作为一个重要部分，宁可牺牲一点国内的利润空间，也要与国际接轨。”2014 年，王健林信心满满地表示，万达将继续扩大其海外投资规模，目标是在几年内实现三成收入来自海外业务。2016 年上半年，万达集团的海外收入就已经达到了总收入的 14.8%。截至 2017 年，万达海外投资总额已超过 1000 亿元人民币。

我们来回顾一下万达的海外之路。

2012 年 5 月 21 日，万达集团正式宣布，其和全球第二大院线集团 AMC 签署并购协议，以高达 26 亿美元的价格收购后者全部股权及债务部分。同时，万达并购后投入运营资金不到 5 亿美元，如此，万达共为此次交易支付 31 亿美元。这次成功并购美国 AMC，标志着万达集团拥有全美第二和亚洲第一的两大院线，已成为全球规模最大的电影院线运营商。

表 5-1　万达三大洲投资表

地区	日期	投资项目	金额
欧洲	2013 年 6 月	收购“海上劳斯莱斯”英国圣汐游艇公司	3.2 亿英镑
	2014 年以来	在英国开展城市改造项目	20 亿 ~30 亿英镑
	2015 年 1 月	入股马德里竞技足球俱乐部	4500 万欧元
	2015 年 2 月	收购瑞士盈方体育传媒集团	10.5 亿欧元
	2015 年 9 月	收购位于马德里的地标建筑西班牙大厦	2.65 亿欧元
	2015 年 12 月	收购西班牙 marinad'or 度假村 75% 的股份	12 亿欧元
	2016 年 7 月	收购欧洲第一大院线 Odeon & UCI	9.21 亿英镑
北美洲	2012 年 5 月	收购美国第二大院线 AMC	26 亿美元
	2014 年 7 月	投资兴建美国芝加哥的一座五星级地标酒店及公寓	9 亿美元
	2015 年 8 月	收购美国世界铁人公司	6.5 亿美元
	2016 年 1 月	收购美国电影制作公司传奇娱乐	35 亿美元
大洋洲	2014 年 8 月	并购黄金海岸市珠宝三塔项目	9 亿美元
	2015 年 6 月	收购澳大利亚第二大院线 Hoyts	6 亿美元
	2015 年 12 月	新建价值将达 10 亿元的悉尼玛形码头项目获批，项目涵括高端豪宅与万达文华酒店	不详
	2016 年	携手日东集团投资数十亿澳元在黄金海岸的一块总规划 45 公顷的土地上建设主题度假村 / 主题公司	不详

美国 AMC 影院公司历史悠久，至今已经有近百年历史，在全北美单体排行前十的电影院中，AMC 就拥有其中 6 家。从 2004 年开始，AMC 的拥有者一直是一个投资集团，包括 Apollo 投资基金、摩根大通合伙人、贝恩资本投资者和其他人。

2012 年并购 AMC 后，万达当年就扭亏为盈，创造利润 5000 万美元。2013 年，AMC 经营业绩更上一层楼，并在美国纽约交易所上市。万达并购 AMC，实际股本投入 7 亿美元，AMC 上市募资 4 亿美元现金，到 2013 年底万达持有 AMC 股权市值超过 14 亿美元。不到一年半时间，投资收益翻番。

2013 年 6 月 19 日，王健林宣布了在英国的两项投资，以 3.2 亿英镑并购英国圣汐游艇公司以及 7 亿英镑投资建设伦敦万达酒店，这次投资的总金额约为 10 亿英镑（约合 96.8 亿元人民币），其中投资建设伦敦万达酒店是万达布局全球的第一个海外房地产项目。

“我最欣赏英国市场，我们将英国视为海外扩张计划的重要部分。”王健林如是说。

2014 年初，王健林在与英国首相卡梅伦会晤后，决定投资 20 亿 ~30 亿英镑开展英国城市改造项目。到 2014 年年底，万达在英国敲定的投资总额已接近 40.2 亿英镑（约合 406.5 亿元人民币）。不过，这一数字只占 2014 年万达 5341 亿元总资产的 7%，万达海外扩张的一大优势就如王健林自己公开所说：“有钱”。

2014 年，万达的海外投资迎来一个高峰。当年 6 月，万达集团以 2.65 亿欧元（约合 18.1 亿元人民币）收购西班牙马德里的地标建筑西班牙大厦；8 月 7 日，万达集团战胜了十几家来自北美及亚洲的竞争者中标洛杉矶比佛利山市威尔谢尔大道 9900 号项目地块，按计划，万达之后将向它输血 12 亿美元；仅过了 4 天，澳大利亚黄金海岸市著名的珠宝三塔项目又装进了万达的资产包。

2015 年，王健林继续搭建万达的海外体育王国。1 月 21 日，万达花费 4500 万欧元收购西甲马德里竞技足球俱乐部 20% 的股份；2 月 10 日，万达牵头三家知名机构及盈方管理层，并购总部位于瑞士的盈方体育传媒集团 100% 的股权；8 月 27 日，以 6.5 亿美元并购了美国世界铁人公司 100% 的股权。

在澳洲的投资，则是万达在国内的“地产 + 影院 + 主题公园”模式的翻版。2015 年 1 月 23 日，万达收购澳大利亚悉尼 Alfred 大厦和紧邻的 FairFax House 大楼，计划投资约 10 亿美元，建成一个综合性地标项目。随后，万达以 3.66 亿美元的价格收购了澳洲院线 Hoyts；2015 年 11 月 2 日，万达将斥资数十亿澳元在澳洲黄金海岸打造一座大型主题公园的消息传出，这座主题公园建成后，足以媲美当地梦幻世界和华纳兄弟电影世界两大主题公园。

2016 年，王健林将海外投资目光瞄准印度，计划在印度北部的哈里亚纳邦投资 100 亿美元建设产业园区，正式进军印度房地产市场，该项目名为“万达产业新城”，一期占地约 13 平方公里，包括工业和娱乐园区，万达将主要投入前期基础设施资金，该项目已在 2016 年开工。

2016 年 2 月 26 日，万达与法国欧尚集团在巴黎签订协议，双方将合作投资巴黎大型文化旅游商业综合项目。按照万达的说法，该项目是中法之间当时最大的投资项目，也是欧洲当时最大的单个投资项目。

对于海外之路，王健林曾有一个“2211”目标，这个目标是指到 2020 年，万达资产达到 2000 亿美元，市值达到 2000 亿美元，收入 1000 亿美元，净利润达到 100 亿美元，而其中 30% 以上的收入要来自海外。但随着情况的变化，王健林的目标落空了。

投资逻辑：并非什么都买，看重有关联的多元化投资

从 2012 年起，王健林在海外的投资已经超过千亿元人民币。万达的投资让很多外国人震惊，《经济学人》杂志在一篇名为《万达范儿》的文章中，将王健林比作中国的“拿破仑”，称他具有“白手起家企业家的才干和野心”。而英国首相卡梅伦和伦敦市长鲍里斯·约翰则在多个场合表示欢迎王健林的投资。当然，王健林的野心远不止几个发达国家，他希望在文化产业方面将万达打造为世界级的巨头。

具体而言，与中国其他热衷于海外投资的企业相比，万达集团的海外投资

战略主要有以下两大特点。

首先，万达在海外的投资也延续了其在国内“从拿地到让一座万达广场开业最快只需要 18 个月”的扩张速度。以万达集团在伦敦酒店项目为例，该项目位于泰晤士河南岸。除高端奢华外，还充分展示了万达一贯的快速：2013 年 6 月拿地，14 个月后，已在中国开卖。

其次，也就是最重要的一点，就是王健林有一套自己的并购逻辑，万达在海外的投资也并非“只买贵的，不买对的”，王健林指出，万达并非人们认为的不问价格就“买买买”的土豪，在选择购买项目时，有其严格的标准，首先要与万达现有产业有关联，买下相关的项目后可以使万达原有的产业规模扩大。此外，所购买的业务要能移植到中国，能在中国获得更快的发展。

对于万达在海外投资物业的思路和计划，王健林总结说道，在海外扩张主要是采用“并购为主、投资为辅”的方式，由于海外很多市场已经被“瓜分”，投资将会是偶然出来的机会。但是，这并不意味着万达保持市场观望态度，王健林表示，并购机会永远是有的，如果与市场挂钩，能扩大业务范围，就不能单单以回报率来计算。“比如说，如果我再并购欧洲一个大的电影院线，单讲并购的回报率，可能不一定好。但是放在全球的这个范围来看，我要并购欧盟再来一家，欧洲再来一家，可能我的市场份额就接近 20% 了，那时候我话语权、分成比例、广告收益，可能将大幅度提高。”王健林解释说。

万达在海外的并购对象大部分都有相似之处：自身有品牌效应、有盈利能力、有现金流、有中国市场或者未来在中国有很大的市场。“文化集团、金融集团在并购企业时，一开始就要把架构设计到位，保证国内国外都能上市。”王健林说。在 AMC 的管理经验也用于其他被收购对象。收购 AMC 后，万达只向 AMC 派了一个联络员，尊重被收购企业的文化，但会给管理层定业绩目标。

对于钱的问题，王健林最关心的是现金流。万达的地产项目因为长久以来积累的优势，并不会占用太多的现金流，而在其他项目上，尤其是海外投资，王健林一直都努力追求适度的现金流平衡，在拿项目之前，要有几个月的财务预算。

因为海外之路走得越来越远，王健林当时已经开始筹备海外事业部，统一管理海外企业，节约人力成本，同时与人力资源中心、信息中心共同研发管理软件。“要运用万达百试不爽的工作计划模块管理软件，靠高科技、信息化管理海外企业。”王健林如是说。

投资酒店，将中国的五星级酒店带到全球

成立于 2012 年的万达酒店集团，是一家集酒店业主、自营管理和品牌输出三种经营模式为一体的国际豪华酒店管理集团。公司旗下拥有四个自主管理品牌：超奢华品牌万达瑞华、奢华品牌万达文华、豪华品牌万达嘉华和四星级标准品牌万达锦华。截至 2016 年底，万达已在国内持有超过 100 家高端酒店，包括国际五大酒店集团（雅高、希尔顿、凯悦、洲际、万豪）管理的商务酒店、度假酒店和自营品牌酒店。

国内发展势头良好的同时，万达酒店也开始进军海外市场。正如王健林所说：“中国到了需要有自己的企业进入全球奢华酒店行业的时候了。”

2013 年 6 月 19 日，万达集团高调宣布，将投资 7 亿英镑在伦敦核心区建设超五星级的万达酒店。王健林表示，计划未来 10 年内，在世界 8~10 个主要城市建设万达酒店。伦敦万达酒店是中国企业首次在海外投资建设的高端酒店，标志着万达品牌酒店迈出全球布局的第一步。

伦敦万达酒店项目位于伦敦西部旺兹沃思区的黄金地段，此地紧邻泰晤士

河，建成后可俯瞰海德公园、白金汉宫，与新建的美国大使馆、荷兰大使馆及计划建立的中国大使馆相伴为邻。万达在该项目上投资近 7 亿英镑，建筑面积 10.5 万平方米。该项目中的超五星级万达酒店面积约 2 万平方米，拥有 160 间客房，并配有伦敦最高的空中泳池；顶级公寓约占 6.3 万平方米，由两栋高 200 米的塔楼组成，是伦敦最高的住宅建筑。伦敦万达酒店建成后，无疑将成为伦敦最好的酒店和城市新地标。

不只是英国，2014 年 8 月，王健林就斥资 17 亿澳元进军澳洲房地产市场，相关建设项目中就包括一家价值 9 亿澳元、位于黄金海岸的豪华酒店。

这座豪华酒店由三座摩天大厦组成，定名为“珠宝三塔”。这个项目已经获得澳洲政府批准，将建成一个集度假酒店、公寓、咖啡馆、录音棚、写字楼等于一体的综合性度假村，总建筑面积达 1.47 万平方米，2018 年开业。这是万达在海外布局的第五个五星级酒店。

2014 年底，王健林又着手收购西班牙马德里东南部地区的一处废置军用土地，用来修建大型豪华酒店和住宅区。这片豪华商务住宅区约占地 200 万平方米，投资金额达到 60 亿欧元。除修建 1.5 万套豪华住宅外，该高档社区将拥有完善的娱乐配套设施，如高档酒店、主题公园等。

在美国，万达则投资了 9 亿美元（约合 56.2 亿元人民币），在芝加哥建设一座高 350 米、地上 89 层的五星级酒店及公寓项目。据悉，该项目建成后将成为芝加哥第三高建筑，成为当地新地标。

芝加哥万达项目地块是东湖岸区域未建的最后一个地块，地理位置十分优越。该项目地处芝加哥市核心地段，位于芝加哥河和密歇根湖交汇处，紧邻千禧公园和芝加哥 CBD，步行可到达芝加哥剧院区、博物馆区、密歇根大道等著名休闲娱乐场所。而总建筑面积约为 13.14 万平方米的芝加哥万达大厦项目，其中就包括拥有 240 套客房的五星酒店。

芝加哥万达大厦项目是 2013 年以来万达集团继英国伦敦、西班牙马德里之后在全球投资的第三个五星级酒店项目。对此，王健林表示：投资建设芝加哥项目只是万达在美国不动产投资的第一步，一年内万达还将在纽约、洛杉矶、旧金山等美国主要城市进行五星级酒店投资。到 2020 年，万达将在世界 12~15 个主要城市建设万达品牌的五星级酒店，打造具有国际影响力的中国高端酒店品牌。

王健林多次在公开场合表示，世界奢华酒店市场一直被外国品牌占领，海外从来见不到中国五星级酒店。"我有一个梦想，不光把企业做大，还要把中国酒店品牌打到全世界，我也知道，做豪华酒店这种超级奢侈品，至少也要二三十年的时间才能建立一个品牌，所以很多企业一看要二三十年的时间就不做了，那我来做这先行者，一定要把中国的酒店品牌打到世界上去。"王健林说。

王健林历来是个敢吃螃蟹的先行者，军人出身的他，对目标的追求一向严苛。2013 年，万达酒店管理公司收入 36.3 亿元，完成计划的 98%，同比增长 30%，利润完成计划的 98%。王健林在 2014 年的年会讲话中说道："虽然指标没完成，但要给予酒店管理公司表扬。因为 2013 年目标是 2012 年 12 月份确定的，2013 年中央出台'八项规定'，加上经济发展放缓，各种因素综合导致全国五星级酒店餐饮收入平均下降 35%。这种形势下，酒店管理公司能完成计划任务的 98%，实属难能可贵，这是奋斗的结果。但酒店管理公司 2014 年目标已考虑这些因素，如再完不成，就不是表扬而是处罚了。"

截至 2017 年，万达已在伦敦、洛杉矶、芝加哥、马德里、黄金海岸等国际热点城市或地区取得土地，用于开发海外酒店项目。显然，在王健林国际化布局中，酒店业已经是重中之重。

拉回消费：不仅要向海外砸钱，还得会从海外截钱

商业要想持续发展，最关键的无疑是赢得消费者青睐。让人感到遗憾的是，最近十多年以来，中国人的消费正在持续并快速地向国外转移。

2015 年，商务部数据显示，当年中国游客在境外消费约达 1.5 万亿元，是世界首要旅游消费群体。与此同时，2015 年中国的 GDP 是 67 万亿元。也就是说，如果能把海外旅游消费拉回来，2015 年中国的 GDP 就可以提高约 1.7 个百分点。

某国外权威媒体公布的数据显示，2015 年，中国人在海外购房消费大约 1500 亿美元，相当于 1 万亿元人民币，购房消费与境外其他消费合在一起就是 2.5 万亿元人民币。这么大的海外销售额，一方面体现了国人有实力共享全球优质产品和服务，另一方面也是国内产品无法满足国人日益增长的物质文化需要的反映。

拉动经济有三大工具：消费、投资、出口。可从 2013 年以来，国内经济增长放缓，在出口疲软、投资失灵的背景下，“消费”更加被寄予厚望。从 2013 年开始，消费的贡献超过投资，成了经济的主导力量。国人开始舍得花钱了，但却更舍得把钱拿到国外花。

2014 年 3 月，经济专栏作家吴晓波的一篇《去日本买只马桶盖》火爆微信朋友圈。文中把国人到国外买电饭煲、买马桶盖的疯狂刻画得淋漓尽致。

其实，海外消费高速增长的原因并不难理解。首先，不可否认的是，国内一些产品的质量不及国外，如奶粉、化妆品。还有国外数码产品新颖、科技含

量高，如苹果手机。其次，随着海淘的便捷，出境游、海外移民、留学等境外活动的方便，人们的海外消费需求也容易得到满足。

个人消费行为本身就是个人自由，要把增长过快的海外消费拉回来，显然是不能通过行政手段。那么，如何才能把海外消费拉回来呢？

对此，在“2016 中国消费经济创新发展论坛”上，王健林提出了自己的一些看法。

目前全球经济包括中国经济都在持续放缓，出口以及投资对于经济增长的贡献在大幅降低。消费就是对中国经济最重要的贡献，大家指望着提升中国经济的消费。那么我们要研究两个方面的事情，一个是如何把国内的消费搞上去，刚才很多专家学者提供了很好的建议，通过创新、通过发展来提升消费。但是还要研究另外一个方面，就是如何把过快向外移的海外消费拉回国内。

……

要把海外消费拉回国，要有清醒的认识。这个现象想限制或者制止是不可能的。那我们所要做的是研究六个方面。

第一，把其中部分拉回到国内来，不要让它持续高速地再继续外移，这对整个国家的生产消费乃至发展都会产生一定影响。

举例，我不讲更大的，刚才讲的两个方面，旅游、购房，2.5 万亿元。中国经济现在很难过，但如果有 1 万亿元回来，立刻就增长一个百分点。所以我觉得要研究把这一部分拉回来。

第二，要研究海外消费过快持续的增长，对国内消费冲击究竟有多大。这点大家都是在嘴上说，没有一个分析判断。中国国民产生的消费能力究竟有多少会最终丢到海外，这些都没有清晰的判断。对我们国内的消费的影响究竟多大，现在还没有看到有人真正研究这个问题。很多人宣传，2015 年海外旅游中，中国人的消费额位居全球第一。……其实我要告诉大家，这完全是一种假象，能出去消费的大概只是中国国民的十分之一甚至二十分之一的人，其中还有一些公务出去。所以我觉得中国人还没到真正太有钱，国内消费装不下一定到海外消费那个程度。这要有清醒的认识。

第三，要进行顶层政策设计。海外消费之所以高，这不是一个海关关税高的问题，也不是一个简单的质量问题，它是一个综合因素。所以我觉得，需要国家层面出台顶层设计，而且是系统的顶层设计。一个奢侈品的价格，绝不是关税，也不见得就是奢侈品公司故意在中国定高价，或者故意把新货不拿回来。这涉及系统问题，比如中国的药为什么不做到外国一样的质量，为什么中国质量标准就是要比海外低一点呢，为什么不做精？还有很多这些问题。所以我觉得应该出台系统的政策设计，下决心来解决这个问题，不是嘴上说一说。我们应该把消费、就业、税收以及经济繁荣更多留给中国人自己。

第四，要大力宣传国产品牌。由于近代国力衰弱，形成崇洋媚外现象。消费外移有很大一个因素是有舆论因素，有从众心理，就是觉得国外比中国好。其实好多东西细细研究，刚才学者讲过，许多品牌就在中国生产。我们中国的舆论不仅要宣传国产制造业品牌，要大力宣传中国的服务业品牌，也要宣传中国制造。这个宣传不是一朝一夕的。要持续，要真正去发现，去进行比较，用比较学的观点来解决国人对国产品牌的信任。

第五，治理假冒伪劣现象。之所以消费外移，非常重要的因素就是假冒伪劣现象根治不绝，大家对国内消费失去了信心。刚才讲的奶粉，一个三鹿公司出了问题，打击整个乳制品行业，这种现象太多了，要出台很多很多政策来解决。

第六，要下决心从重打击，不能给这些假冒伪劣产品藏身之地，要用重拳。非常简单的问题，不用说美国、欧洲，哪怕在日本、韩国、中国香港卖假货就要判刑，中国内地有几个卖假货判刑的呢？这个古人有云，乱世用重典，现在不敢说乱世，但是治乱就要用重典，只有从重从快地打击这些假冒伪劣，中国人才有可能真正建立起对自己品牌的信心。

第 6 章

投资文化：文化产业没有天花板

文化和旅游是未来中国新的消费趋势，而文化产业将迎来巨大的发展机遇，也将是唯一不会遭遇发展“天花板”的行业。从长远来看，文化产业也必将成为百年万达新的支撑点和利润增长点。

布局文化产业，打造文化航母

早在2006年，万达就开始进入文化产业，发展到2012年，已经是全国最大的文化企业。2016年，万达文化产业收入突破400亿元，跻身全球文化产业企业前20名。万达文化集团在成立之初，主要涉及电影放映制作、大型舞台演艺、电影科技娱乐、连锁文化娱乐、报刊传媒、中国字画收藏六个文化行业。

那么，万达为什么要转战文化产业呢?

首先是因为转型升级的需要。1993年，万达第一次转型，从大连跨区域到广州开发，后来又走向全国，是全国最早跨区域发展的民营企业之一。2000年，万达从住宅向商业地产转型，2006年进军文化产业，2012年实行跨国发展。和以往一样，万达做文化产业是企业自身转型升级的需要。万达文化产业最早是做电影院，当时曾和上海文广集团签订了战略合作协议，他们愿意跟随万达发展，影院建到哪里他们就管到哪里，后来文广集团领导更换，新上任的领导不看好这项合作，终止了合同。这时，万达已有十多家影院开业或即将开业，无奈之下，万达只好自己接过来做。可以说万达进入文化产业是被逼上梁山，也没想到一不小心做成世界第一的电影院线。但后来布局文化则完全是出于文化自觉，是主动全面向文化产业转型。

其次，是为了确立新的竞争优势。万达是一家企业，企业不管做什么产业、有什么战略、如何经营，最终目的都是确立核心竞争优势，获得更大利润。万达发展过程中两次大的转型，都是为了获得前瞻性的竞争优势，从而超越对手。现在万达做文化旅游，特别是规模巨大的文旅项目，比商业地产更难有模仿者和竞争者，因为做文旅产业，资金和土地已不是关键因素，最核心的是创意、科技和人才。

最后，是因为文化产业没有“天花板”。第一，品牌影响没有“天花板”。一部作品可能影响非常深远，甚至带来某些方面的革命。比如电影《阿凡达》，不仅品牌影响大，还带动一场 IMAX 电影技术推广，也改变了这项电影技术的命运。第二，利润没有“天花板”。以万达电影院线为例，税后利润率超过百分之十几，万达在武汉建设的电影娱乐科技项目，利润也极其可观，而且持续时间长。万达在影视产业发展迅猛，现已成为整个万达集团的主力产业，对此，我们下一章会进行专门解读，这里先不多说。

开始涉足文化产业，王健林坦言，“只是功利性”的，但在电影市场尝到“甜头”后，他开始迅速意识到，文化产业足以承载万达的重要转型。

王健林从文化产业中找到了万达发展的新目标。“之所以还没有退休，是我的目标还没有达到。”王健林曾在接受媒体采访时表示，在将万达打造成全球最大的不动产公司之后，他新的目标是，做全世界最好的文化集团之一。

现在，王健林的这个目标正在一步步落实为行动。一个细节就能充分体现王健林对文化产业的重视：对于出席活动的选择，他要求十分严格，很少会出席地产的活动，但对于出席各种文化活动却很热衷。

“一个房产商不讲房地产讲文化是更可怕的事情。”王健林曾经这样调侃自己。另外，王健林之所以晋升为中国首富，万达文化产业也有着重要贡献。彭博富豪排行榜的相关负责人表示，“在先前计算王健林的身家净值时，彭博排行榜利用中国四家上市房地产开发商的比率将大连万达按单一业务进行估值。在分析截至 2013 年 6 月 30 日大连万达提交给监管机构的申报文件以及财务业绩时，彭博发现了用于评估大连万达旗下零售和娱乐业务的方法”。

万达文化公司虽然已经执行业牛耳，但它有更大的雄心，和万达广场一样，王健林给万达文化的发展也定下了一个目标，这个“蹦一蹦，够得着”的目标是这样的：2020 年收入 800 亿元，进入世界文化企业前 10 强。到 2020 年，万达集团的房地产收入占总收入的比例将降到 50% 以下，届时万达将不再是房地产企业，而是一家综合性企业。

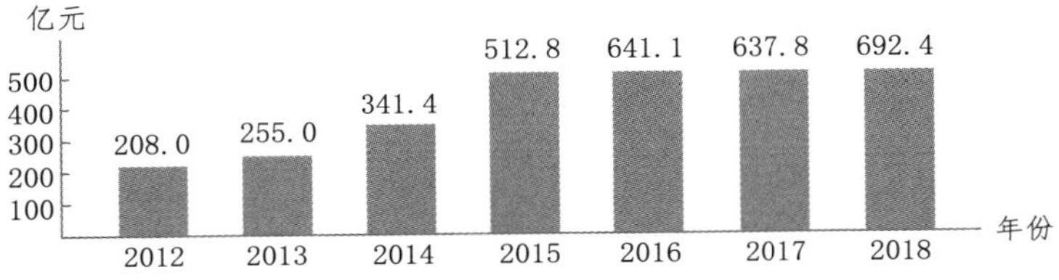

图 6-1　万达文化产业收入状况

从住宅开发到商业运营，从跨国并购到转型文化旅游产业，无论是发展速度、资产规模还是产业链布局，在外界看来，王健林的每次转型和扩张都像一次冒险。

“万达商业地产已经很成功，为什么还要自找麻烦转型做文化和旅游？”面对这样的问题，王健林如此解释，“万达要做百年企业，就要拥有百年企业的物质基础，房地产无法产生长期、持续、稳定的现金流，所以必须向文化旅游转型”。

文化产业，按照传统的模式来说，往往投资高，且回报期比较长，很难“赚快钱”，但王健林在文化产业上并没有照搬传统。“必须要走高科技、创新之路，走大投入、大产出的路子。”王健林说。一个万达城，每年至少要创造几十亿元的收入才算实现目标。可一场成本 25 亿元的万达大型舞台秀，每年起码有

5 亿元收入。而且舞台秀产品容易拷贝，除了创新成本，其他的硬件成本、内容成本并不是太高，比较容易形成固定的规模收益。

只要是好东西，在中国就不愁没市场。王健林始终认为，文化和旅游是未来中国新的消费趋势，而文化产业将迎来巨大的发展机遇，也将是唯一不会遭遇发展“天花板”的行业。

从商业模式来看，万达广场模式是以住宅、写字楼和商铺销售获得的资金来支持商业物业发展，而万达文化旅游城增加了更多能带来现金流的文化旅游消费类项目。已经问世的万达文化旅游城被称为“创新的世界首个特大型文化旅游商业综合项目”。王健林认为，从长远来看，文化产业将成为万达很长一段时间内的盈利支撑点和利润增长点。

进军旅游业，“就是要奔着迪士尼去”

在万达的文化产业中，旅游是王健林着力要打造的重要支柱产业之一。

近几年，万达已经多次出手，并购了多家旅行社。“三年之内万达旅行社的收入要突破 200 亿元，做到全国最大。将来有必要的话还可能再搞航空公司，就是把旅行的产业链做完整。”王健林曾勾勒出万达旅游的发展图，其勃勃雄心溢于言表。

到目前为止，万达已经在广州、无锡等城市布局了 10 多个文化旅游项目。“远期的目标在中国我们大概计划 20 个左右，2020 年，到万达旅游项目的将超过 2 亿人次。届时，万达将成为全世界第一大旅游企业。”王健林透露，“我们之所以定下这个宏伟目标，因为万达集团的目标是到 2020 年达到 2000 亿美元的资产，2000 亿美元的市值，1000 亿美元的收入，100 亿美元的净利润，旅游是我们的一个重要发展方向”。

对于万达旅游板块的战略目标，王健林设定为“全世界第一大旅游企业”，叫板全球旅游企业的霸主迪士尼。王健林的野心毫不掩饰，在多个场合公开表示，“就是要与迪士尼竞争”。

说起迪士尼，人们一般想到的都会是白雪公主、米老鼠、唐老鸭等从孩提时代就进入我们生活并陪伴我们成长的卡通形象。现在，这些卡通形象不仅闻名世界，而且其形象越来越多变，其中的文化内涵正被不断挖掘，从而影响新一代。毫不夸张地说，正是靠着这些卡通形象，迪士尼建立起了全球最大的娱乐帝国，地位难以撼动。

迪士尼公布的 2016 财年业绩显示：截至 2016 年 10 月 1 日的完整财务年度，总营收为 556.32 亿美元，净利润为 93.91 亿美元，同比上涨 12%。营收和利润均创下历史纪录，利润折算人民币分别约为 3715 亿和 627 亿元。

这份成绩单仍然远超王健林的旗舰公司万达商业。但王健林既然敢于展示自己的雄心抱负，那自然也有其本钱。万达在旅游上的运营模式依然沿袭了其在商业地产上的成功运营模式，那就是销售物业和自持物业相结合，通过销售物业的现金流来缓解自持物业的资金压力。销售物业最少也要均摊掉自持物业一半的建设成本，这样一来，以后的运营成本就只剩下一些人员工资和设备维护费用了，可以尽快实现盈利。根据预算，万达主题旅游乐园未来在建造和运营上的成本，大约只有迪士尼的 1/20 左右。

不仅在成本上有优势，在速度上，万达也优于迪士尼。作为一家老牌国际企业，迪士尼的根基十分庞大，分支众多，因此发展速度也就很容易受到拖累。比如，上海迪士尼乐园，反复多年才最终决定投资建设，工程更是一拖再拖，最终拖延了将近 10 年，直到 2016 年 6 月才正式开始对外营业。

与此相比，万达在速度上有绝对的优势。比如，西双版纳国际旅游度假村的项目从确定到建设完成，仅仅用了 4 年。而且，这还不是万达唯一的旅游度假项目，其他万达城也在全国各地几乎同时建设，并先后开始营业。

这样的速度，不得不让迪士尼感到危机。

当然，光有速度还不行，还得能盈利。对于万达旅游业盈利模式，王健林有过一段十分精彩的阐述："传统旅游，结合山水资源，搞酒店或者是搞高尔夫就完了；传统文化，拍部电影，演一个舞台戏或者搞相声就完了，最大的毛病是盈利模式不行，很多是亏损的，其次收入上不去，规模上不去。所以，我们一个新的发展定位就是分几点：一是高科技。一定要做高科技的路线，靠科技而不是靠人体极限来表演文化。二是大投入大产出。1000 万元搞一台戏也意味着一年最多收 1000 万元，盈利不好。三是融合。一定不能就文化讲文化、就旅游讲旅游、就商业讲商业，我们一定是把所有的元素一起搞，打破旧有的模式。"

需要指出的是，万达进军旅游业目前的主要方式是线上、线下全渠道铺开式扩张。

在线上方面，万达投资了同程旅游网，与其并购的线下旅行社实现了很好的配合，形成了从创意、线下旅行社、线上渠道到旅游目的地这样一个综合性的旅游产业链。

在线下方面，除了并购旅行社，万达主要依靠"万达文化旅游城"（即万达城）。据万达内部人士介绍，目前万达城在全中国已有 10 多个项目，其中 3 个已经开业，分别是长白山度假区、武汉中央文化区和西双版纳度假区。对于万达旅游城，王健林非常看重，他介绍说：

首先我们分析中国的气候特点，中国的气候特点决定了中国很少有一年四季在室外都能游玩的地区，除了西双版纳和三亚外，绝大部分地区都受冬季和雨季的限制，很难实现全年室外旅游。所以，我们把室内游作为万达文化旅游城的核心，所有的万达城里都有一个超大型建筑，可能比北京T3航站楼还要大，一般长度会超过500米，宽度超过300米，里面配置各种各样的项目。室外还有大型主题乐园，同时每个万达城都配一台创新的顶级秀，还有酒店群。万达是做商业出身，所有的万达城还有大型的商业中心，还要配建医院，比如，西双版纳就建设了一个拥有500张床位的三甲医院，投了十几个亿，这个医院建好以后，我们把它送给云南省人民医院，让他们去管理，这是云南省最好的医院。

万达旅游战略的终极目标是超越迪士尼成为世界旅游产业龙头，如此，国际化也是其必须要走的一步。对此，王健林表示，“这要做两件事：一是在海外打造中国品牌的高端奢华酒店，现在已经有7个酒店在建设当中，都是建造在世界主要国家主要城市；二是我们开始在海外并购旅游企业和旅游景点，同时不排除在海外打造超大型旅游项目”。

独具慧眼，打造百亿收藏王国

2013年11月5日，在纽约佳士得拍卖会上，万达集团以2816.5万美元（折合1.72亿元人民币）的成交价购得毕加索代表作之一《两个小孩》，成为全场最贵拍品，这也是中国企业当时为止购买西方艺术品的最大手笔。

《两个小孩》是毕加索1950年69岁时为其3岁的儿子克劳德和1岁的女儿帕洛玛创作的一件油画作品。该作品是毕加索风格成熟期的典型代表作，堪称经典。

“万达做企业收藏已经有30多年的历史，收藏西方艺术品早已在我们的计

图 6-2　王健林藏品《两个小孩》

划之中，我们还为此组建了 40 多人的专家团队，专门研究西方艺术和找寻好的艺术品。”负责此次拍卖的万达负责人这样说道。

的确，收藏是万达文化投资领域的一个主要内容，“万达在近现代中国画收藏上的地位，跟万达在商业地产中的地位是一样的”。万达在某家银行专门租了一个几百平方米的保险库，多年来收藏的画作都放在里面，非常安全，外界估计，这些画作价值超百亿元。而万达之所以涉足收藏，除了投资文化的大战略，也源于王健林个人对收藏的热衷。

王健林对收藏有着强烈的兴趣，他甚至曾经对人半开玩笑地说，之所以会放弃部队和政府里的大好机会和稳定前程，选择下海做生意，就是因为有钱才能搞收藏，才能买得起他爱的那些书画。

王健林涉足收藏要早于足球。早在部队时，王健林就已经开始利用业余时间研究字画，并慢慢入了门。从20世纪80年代开始，他开始玩收藏，最开始是感觉什么好就收什么，之后在听从了朋友的建议后，开始专注收藏近现代作品。

王健林对艺术品的喜爱，达到了痴迷的程度。“最初的目的只是为了喜好而收藏，这些年生意越做越大，而多年前那份对文化的敬仰和热爱，至今未变。”王健林曾在一次公开受访中提到自己的收藏缘起。有报道说，王健林最钟情的吴冠中画作大多流向国外，于是他费尽千辛万苦几乎买下了国外所有的吴冠中的作品。王健林曾自豪地说：“万达到现在从市场上拿画几乎很少。傅抱石先生的几张代表作都是从他家里拿的。我很多画都拿得非常便宜，有先见之明。那时候吴冠中、李可染的斗方作品，在荣宝斋里只卖十几万元。”

1993年，王健林从荣宝斋买下了李苦禅的名作《五只鹰》，收购价格是140万元。这幅画曾是荣宝斋的中堂画，在荣宝斋挂了几十年，可见其重视程度。起初荣宝斋出价100万元，100万元现在看来没有什么了不起，可在20世纪90年代，却是一个非常高的数字。对此，王健林没有还价，反而是直接加价到140万元。“这就是眼光，当市场上出10万，你敢于出50万，他就经不起诱惑了，就卖给你了。”王健林说。多年以后，荣宝斋的某位新任总经理来找王健林，使出各种方法，包括加价回购或者拿别的画作置换，想要换回这幅珍贵的《五只鹰》，但是王健林却坚决地予以拒绝。原因自然不全是价格问题，主要是因为他确实对这幅画喜爱至极。

像这样的故事不止这一个。很多人找王健林卖东西，也有不少人来找他买东西。某香港超级富商曾找过他，想买吴冠中最重要的一幅代表作，开价两个多亿。这个价格与王健林当时收来的价格相比已经是翻了很多倍，万达的收藏团队有人心动，但王健林却忍住了。“今天2亿给他，明天2亿就再也拿不回来了。”王健林说：“这不是钱的问题，一个无价之宝不能单纯用钱衡量。”后来他派人去推脱，说这是文物，不能卖。

在王健林的带领下，万达专门成立了艺术收藏团队，其中不仅有国内的行家，还有欧美的专家。每当王健林和其团队在研究拿下一幅收藏品时，这个团队和专家顾问团就会开会讨论，整个决策期大概在一个月。最后的决定由王健林亲自审定。

万达艺术收藏团队的核心人物是郭庆祥，他被媒体称为收藏界传奇人物和权威人物，在收藏市场上以大胆阔绰著称。20 世纪 90 年代，王健林登门邀请，并与郭庆祥一道去拜会吴冠中。随后，郭庆祥成为王健林艺术收藏团队的核心。

迄今为止，万达的收藏史已经超过 20 年。“万达的收藏以中国名家书画为主，目前精品藏品已经超过千幅，规模在国内民间收藏里应该是数一数二的。”郭庆祥表示，万达的企业收藏、展览等都是由他来操作。

年代久远的古画往往存在真假难辨的问题，而且王健林个人更偏爱近现代绘画，所以万达的收藏目标定位在近现代画家和当代绘画名家上。“我们选择的这些画家，如潘天寿、张大千、齐白石、石鲁、李可染、吴冠中、石齐，都是经过我们多年学术性研究出来的，今天万达收藏的艺术作品，一定是能够被历史留存下来的。”王健林说。

万达堪称是“当代艺术品收藏的主力军”。从 20 世纪 90 年代初开始，万达就明确了收藏什么人的作品和什么样的作品，其收藏理念就是系统收藏近现代中国书画的精品力作，20 多年来，已收藏百位近现代画家的千幅馆藏级作品，市值超 100 亿元。王健林说，他的书画收藏至少增值 1000 倍，书画收藏是他人生中最成功的投资。“当年一万块钱的画，现在一千万是没问题的，很简单，比方说市场中我是吴冠中最大收藏家，我有七十多幅吴冠中的画，吴先生这个人一生画画很少，一生就画了一千来张画，基本在海外，国内很少，而且他的大画，他一生就画了四张，我现在有三张。”

万达的艺术收藏品中，有百分之二三十的作品是从海外收集回来的，这也是对中国文化流失的一种补偿。万达专门成立的艺术品收藏机构，其收藏的艺术家作品一度成为中国书画市场的风向标。

王健林选择的画家，如潘天寿、石鲁、李可染、吴冠中、石齐，是经过他的收藏团队长时间研究，认定是能够被历史遗留下来的。这几位艺术家都是有发现和创造精神的。他们今天是当代艺术，未来则会成为传统文化。王健林从不收藏商品画，从不跟着市场走，也从不把艺术品当成商品来买卖。

"万达收藏的标准是：一定是创新画家；一定是有时代精神的画家，因为笔墨当随时代。"郭庆祥表示，万达目标就是"挖掘未来的传统"。

万达始终将企业收藏作为公益事业和企业文化的一部分，就像对足球的投入一样，王健林对收藏从来没有任何的盈利要求和期望，是百分之百的投入，更没有把收藏产业化的想法。在收藏领域，万达这么多年买的画，一直都是靠企业收益来养收藏。

王健林自己的表达则更为直接："我从来没想过要靠卖画赚那点小钱儿。"他还举例说："像我收的一张画，傅抱石的第一代表作品叫《龙盘虎踞图》，当年傅先生夫人，他的家族800万卖给我，但是那时候钱不够，1992年钱不太多，我就说分两年付清，结果后来他们觉得不能忍受，嫌时间太长了，过了半年，给我商量减150万，改成650万，一次给完钱得了。这个画现在值多少钱？现在这个画市场上我估计至少是一两亿，为什么？这张画在十五年前长石、中信都分别找过我，都出了两亿多价钱，十几年前出了两亿多价钱，说就要这张画，我都没有给。"

不仅是收藏，在基础建设上，王健林也下了大力气，万达计划在北京和大连建立万达美术馆，在北京建设的美术馆更会是一座"国际一流"的世界级美术馆，美术馆除了展示万达自己的藏画外，还可以用来举办其他的各类画展。目前正在建设中的大连万达美术馆，建筑面积2万平方米，建成后无论是硬件设施还是馆藏作品都达到国家级水准。

王健林的企业收藏不是为了藏而藏，而是为了将中国最好的艺术展示给大众、介绍给全世界。至于未来的收藏计划，作为万达在艺术品收藏方面的代表，郭庆祥直言不讳地表示："没有预算，符合我们标准的，是好的我们就会继续收藏。"

匠心独运，万达文化产业的独特优势

文化产业是 21 世纪的朝阳行业，西方发达国家的文化产业产值平均达到本国 GDP 的 10% 以上。在美国最大的 400 家公司中，有 72 家是文化企业。所以说，文化不仅可以做成产业，而且可以做成大产业。

目前，中国的 GDP 总量虽然已经高居世界第二，但还没有一家如同迪士尼那样的世界级文化企业，也没有像好莱坞那样能够影响世界文化走向的文化载体，即使是万达，目前也与迪士尼有着不小的距离。另外，随着中国经济的迅速腾飞，人民群众对精神文化生活的需求也是与日俱增。因此，大力发展文化产业，正是中国提升国家软实力的重大机遇，也是必然趋势。

2011 年，中国共产党第十七届中央委员会第六次全体会议明确提出"加快发展文化产业、推动文化产业成为国民经济支柱性产业"。此后，中国多个城市都将文化产业确立为支柱产业。

万达集团的文化产业之路，也正是在这次会议之后的 2012 年开始骤然提速。

"文化产业将是万达集团未来发展的一个重要支柱型产业。"2012 年以来，这是王健林在出席各种场合时反复强调的一个观点。

在数次接受记者采访时，王健林都提到对于文化产业的雄心，他认为中国的文化产业拥有有史以来最好的发展前景，希望万达可以参与其中，且在世界上树立起中国人自己的品牌。

在王健林看来，要做好文化产业，最大的特点就是不走原来的路。万达进军文化产业领域，都进行了模式再造和创新，将文化和商业地产，旅游、度假、休闲街区整合。

从2012年开始，万达文化产业发展迅猛，不仅发展成为国内最大的文化企业，在国外也有了不小的发言权，目标直指迪士尼。这得益于大的经济环境，也离不开万达文化自身独特优势，王健林曾将万达文化产业的独特优势总结为五点：

1. 多种要素组合。万达做文化产业，绝不简单就文化研究文化，就旅游研究旅游，万达打的是组合拳，要素组合越多，规模越大，威力越强。万达文旅项目把科技、文化、旅游、商业要素集成，做文旅商综合体。例如武汉中央文化区，这是中国城市中第一个叫中央文化区的项目，里面搞了10个文化项目，包括全球首个电影科技乐园和汉秀两个重大文化项目。武汉中央文化区中央有一条连通沙湖和东湖的楚河，沿河是汉街商业步行街，汉街中央有汉街万达广场；另外还有一个五星级、一个超五星级、一个顶级酒店，100多万平方米的写字楼和百万平方米的住宅。长白山国际度假区是万达第一个开业的文旅项目，有亚洲最大的滑雪场，43条雪道总长达几十公里，有3个世界顶级的高尔夫球场，酒店区有9个酒店5000个床位，还有900米长的一条商业步行街，里面有一百多个商家，餐饮、酒吧、电影院、卡拉OK、舞台演艺、温泉等应有尽有。

2. 科技含量极高。万达文化产业最突出的特征是科技含量高。比如，万达在青岛做的“汽车极限秀”，就是一个完全创新的高科技含量项目。这个项目经过多年研发，现已开工，2017年上半年全球公演。汽车极限秀和汉秀不同，汉秀注重文化味，汽车极限秀体现惊险刺激，秀场里有一条环形轨道，各种电动汽车以 120 公里的时速在上面做各种动作，而且和舞台节目结合在一起，让人惊心动魄。万达的“秀”不追求挑战人体极限，因为演员难以培养，而且生命周期短，岁数一大就不能演了。万达主要在科技设备上动脑筋，汉秀有几十台设备，仅水下设备就有 14 台，科技含量高，效果更炫。

3. 整合全球资源。文化产业是创意产业，最重要的是创意和人才。只有全球整合资源，才能有世界级创新。比如汉秀，建筑和舞台设备创意来自马克·菲舍尔先生，他是世界顶尖的建筑和艺术双栖大师，北京奥运会、广州亚运会、伦敦奥运会开闭幕式艺术导演；节目则由弗兰克·德贡先生当创意导演，他是世界数一数二的舞台艺术大师，拉斯维加斯“0 秀”“梦秀”，澳门“水舞间”都是他导演。万达文化旅游规划院有 300 多人，一半是外籍，其中不乏全球行业顶尖高手，特别是首席主题公园包装师、首席剧场设计师、首席电影特效师等六位首席都是世界行业大腕。这些顶尖人才，很难自己培养，万达就用高薪把他们挖过来；如果实在不愿意进入公司，万达就与他们公司签订排他合作协议或者买断他们的知识产权。

4. 突出中国元素。万达把文化旅游作为今后主要发展方向，既然作为主业发展，就必须体现中国文化，绝不能照搬照套外国的东西。比如汉秀，建筑是中国传统的红灯笼造型；里面节目叫汉秀，“汉”往大说是汉族，往远说是楚汉，往近说是武汉；故事也是中国故事。万达要在全国建很多主题公园，各地主题公园的设计都结合当地特色文化，如果千篇一律，人们就不愿再到万达其他地方玩。比如，西双版纳主题公园设计了热带雨林、茶马古道、蝴蝶王国、水上乐园等几个园区，都具有浓郁的地方特色。万达还要求所有主题公园都要有几个全球独一无二的大件游乐设备。为此，万达与全世界主题公园设备做得最好的两家公司都达成协议，对重要设备进行定制，自己拥有知识产权，保证别人不能模仿。

万达文化项目突出中国元素、体现地方特色、设备独家定制的优势在今后的运营中会逐渐凸显。无锡万达城项目开工时，万达宣布要跟上海迪士尼PK，我们有把握在入园人次、经营收入两项核心指标上超过上海迪士尼。因为迪士尼只是一个主题公园,模式几十年没变过。而无锡万达城不仅有室外主题公园，还有巨大的室内万达茂，里面有众多游乐项目，以及大型舞台秀、酒店群、酒吧街等，这些内容综合在一起，更有吸引力，游客人次、收入自然会上来。无锡万达城位于长三角中心，地理位置十分优越，而且万达具有全国营销能力，正在全国收购旅行社，建立完善旅游产业链，将来可为万达文旅项目输送大量游客。

5. 自主知识产权。万达文化产业项目强调自己创作、自己制造。如果自己做不了，就要求委托设计并买断知识产权。我曾在美国迪士尼看过一个真人表演和3D结合的节目，软件公司和迪士尼的合作采用分成模式。但这种方式万达不能接受，万达做文化产业是连锁发展，一个一个谈合作分成不仅麻烦，而且受制于人。为了规模发展，万达宁愿多花钱，也要获得自主知识产权。为购买青岛汽车极限秀知识产权，万达花了1000万美元。汉秀的移动LED，菲舍尔先生刚开始提出创意时，很多人都说做不到，但我们没放弃，在解放军总装备部机械院的支持下，经过无数次修改、试验，终于获得成功。现在设备已安装，每一个有两百吨重，可以多角度、多方向自由移动组合，使舞台背景变化无穷，为节目导演提供更大的创作空间。

第7章

影视帝国：狂飙突进，每个环节都要拿第一

最近十几年来，影视产业的蓬勃发展，给中国经济带来新的奇迹，更多企业纷纷加入其中，挖掘潜力，万达集团是其中实力最强劲的一支。在王健林的带领下，万达影视产业狂飙突进，在各个环节都实现了重大突破。未来，能成为中国好莱坞的或许不是横店影视城，而是王健林驾驭下的万达影视。

万达院线，万达影视帝国的先行军

万达院线，隶属于万达集团。2015 年 1 月 22 日，万达院线正式登陆 A 股市场，成为中国院线第一股。万达官方网站的数据显示，截至 2016 年 12 月 31 日，在全国范围内，万达拥有已开业影院 401 家，银幕数量达 3564 块，会员突破 8000 万人。公司票房、观影人次、市场份额连续八年位居国内首位。

影视产业俨然已经成为万达发展文化产业的主力军，值得单独提出来讲一讲。

先来了解下万达影视帝国的缘起。

2005 年，王健林在出国考察国外的商业地产模式时，对电影产业尤其是院线有了深入的接触，并下定决心要与专业人士合作建设电影院线。而当时的国内院线产业才刚刚起步，王健林先找到时代华纳，但对方要求绝对控股，双方未能谈妥。

之后，万达将合作对象放在了国内，国有广电集团自然是首选目标。可经过几番接触与合作，万达发现，国有广电集团在赚钱能力方面似乎并不突出，很难找到真正合适的合作伙伴。比如，前文提到的上海文广集团，就因为领导变更，停止了与万达的合作。另外，万达的部分影视项目已经开始运营，于是，王健林决定硬着头皮也要将万达院线做下去。不过，当时国内电影市场并不像现在这样火爆，一年的总票房才不超过 5 亿元，院线想养活自己都成问题，更别谈盈利了，因此，万达管理层中对王健林的决定持反对意见的不在少数。

王健林并没有被一时的困境所迷惑，他对电影市场的发展趋势有着长远的判断，因此也就做好了长期赔本的准备。王健林认为，还处于萌芽阶段的中国电影市场，将随着民众精神需求和收入的提高而增加。果然，2008 年，万达院线即实现了盈利，并开始一路走高。

我们再来回顾一下万达院线的发展历程。

2004 年 3 月 7 日，第一家万达影城在天津盛大开业，为万达院线的发展开了一个好头。

2005 年 1 月 20 日，万达集团出资 900 万元，万达集团房地产管理有限公司出资 100 万元，经由国家广电总局批准，万达院线正式成立。这一时期，万达还和华纳兄弟国际影院公司签署了共同合作建设华纳万达国际影院的合作协议。

2006 年 6 月 28 日，经过谈判协商，万达集团与华纳兄弟正式签订了合作终止协议，华纳万达国际电影城的“WB”（华纳）字样换成“WD”（万达），这就意味着万达院线进入真正的自主发展阶段。

2006 年 7 月 7 日，在万达集团 2006 年上半年工作总结大会上，王健林强调，“电影是一个没有天花板的产业”，坚定了万达院线的信心。这一年万达院线自有投资影院达到 15 家，120 个电影厅，全年票房收入 1.51 亿元，排名全国第五。电影院也从原来作为万达商业广场的一个配套产品，成为万达集团四大支柱产业之一。

2007 年 12 月，万达院线自有投资影院 28 家，200 块银幕，全年票房收入 3.25 亿元，全国排名第四，市场占有率为 10%。

2009年，万达院线以8.33亿元的票房问鼎全国，票房产出占比全国15%，成为国内第一大院线。

2010年12月9日，万达院线获得第18届亚太电影博览会“年度放映商”大奖，这是中国内地电影放映商第一次获得国际大奖。获此殊荣的万达院线在2010年成绩斐然，仅用9个月时间即实现了10亿元票房大关的突破，成为中国电影有史以来第一家突破这一数字的院线。

2011年，万达院线率先开启院线电商时代。当年3月25日，万达电影网正式上线运行。

2012初，万达集团制定了十年战略目标，实施跨国发展，成为世界一流跨国企业。当年5月21日，万达集团和美国AMC影院公司签署并购协议。万达集团收购AMC公司后，将同时拥有全球排名第二的AMC院线和亚洲排名第一的万达院线，成为全球规模最大的电影院线运营商。

2013年，万达院线会员正式突破1100万元，成为国内会员人数最多的影迷俱乐部，会员消费占比也达到总消费的60%。

2014年，万达院线成为第一个年度票房收入过40亿元的院线，观影人次首度破亿，再次创造行业纪录。截至2014年7月底，万达院线会员总数已超过2000万人，对票房的贡献度超过70%。

2015年1月22日，万达院线正式挂牌上市后，迎来连续七个涨停板，到1月30日，万达院线收盘价54.45元，市值达到304.9亿元。这标志着万达院线超过美国Regal、AMC、CINEMARK三大院线，成为市值全球第一的电影院线。

2016年，万达院线成立了万达传媒，并购时光网，布局游戏产业，大力拓展在广告传媒、电影整合营销、在线直播、衍生品、游戏产业等领域的业务，不断提升非票房收入，增强公司市场竞争力。2016年，万达院线继续保持着中国院线第一股的位置。2016年末，万达在全球拥有1352家影城，在北美、欧洲、中国三大电影市场均占据第一位。王健林对此的评价是：“从1月上市到年底，股价涨了 10.2 倍，成为全球市值最大的院线，入选沪深 300 成分指数。我看到脸书（Facebook）上一个美国人写道：‘世界上最好的公司就是万达院线，可惜美国人买不到’。”

在电影发行领域，万达也处于国内领先水平。万达旗下的五洲电影发行有限公司成立于 2014 年，主营电影发行业务，是国内五大民营电影发行企业之一。根据前瞻产业研究院发布的《2017—2022 年中国电影产业市场前瞻与投资战略规划分析报告》，2015 年，在五大民营发行企业中，五洲发行排名稳居榜首，以 14 部影片的发行数量实现票房 67.5 亿元，占国产片发行市场 25% 的份额。

纵观万达院线的发展历程，万达借助国内电影市场蓬勃发展的契机，在较短的时间内迅速打造了“万达院线”“万达电影城”品牌，成为行业龙头并在国际上拥有较高的市场声誉。那么，除了电影市场繁荣这一客观因素，这其中还有着怎样的秘诀呢？

一、与万达广场的良性互动

与万达广场的良性互动，让万达院线拥有了快速的跨区域扩张能力。万达广场经营多年，是国内商业地产的霸主，优质的商业广场，可以保证影院获得足够好的位置、人群、消费氛围和服务。与此同时，万达院线也为万达广场贡献独一无二的娱乐价值，稳定的文化消费型客流，浓郁的文化消费氛围，新鲜有趣的创意活动，为万达广场提供物质消费以外的精神文化娱乐消费产品。

二、统一品牌，精准营销

深挖万达院线成功发展的精髓，可以发现，“统一品牌，统一经营，统一供片，统一管理”为其发展奠定了坚实基础。在万达影城的经营理念中，观影人次比票房收入更重要。通过不断分析和总结，目前万达院线已经形成一套非常全面的系统化的针对不同情况的营销措施，让影院在不同阶段采取不同的营销工具组合进行发力，比如，在影片的首映期间、非黄金档、非黄金时段、节假日，均有一系列的营销方法加以应对。

三、持续的创新经营

万达院线自成立以来，就具有超前的创新理念，并始终持续。在营销方面，万达院线充分利用新媒体平台，实施线上营销、品牌营销、互动体验式营销等多种营销方式，不断创新营销模式；在放映技术方面，万达院线早在2012年就推出了自有巨幕品牌“X–Land”放映系统，通过集成一系列领先电影放映工艺技术，从银幕、音响、分辨率、3D效果等方面为观众提供高端观影体验；在影城设计方面，万达院线不断创新设计理念和设计风格，在统一风格的同时，融入文化、时尚、娱乐等独具电影气质与个性的多重元素，用心为观众营造良好的观影氛围。

四、超高品质的观影服务

作为高品质观影服务的提供者，万达院线始终秉承“一切以观众的观影体验、观影价值为核心追求”的服务经营理念，通过影院的高品质规划设计、一流的放映工艺技术和员工服务水准等为观众提供高品质观影服务。比如，万达院线建立了培训和督导体系、现场追踪和监督体系、反馈调研和评价体系，实现营运服务品质闭环管理。为确保为观众提供高品质的观影服务，推行以“顾客满意度”为评价中心的管理绩效评价体系，通过增加神秘访客机制，结合第三方满意度调研，不断提高服务标准和质量。

五、布局电商，一体化运营

互联网时代，信息化管理水平的高低不仅决定了连锁服务企业的发展速度，也决定了企业的系统化管理营运水平，它是企业重要的战略发展基础。

2011年，万达电影网诞生，万达院线率先开启院线电商时代，这使得观众得以实现万达旗下影城购票、选择一体化在线服务。随着手机客户端及

WAP 端等电子渠道业务不断扩大，万达院线还在电商渠道开发出如“万达电影预售嘉年华”“霸气秒杀”“幸运大转盘”等新玩法吸引用户持续关注。

通过万达院线的发展，可以看出它的确给中国电影产业和电影市场带来了巨大的活力，同时，也是万达集团成功迈向世界文化企业的标志。中国电影产业的潜力是巨大的，万达也正在致力于建设全球最大的电影产业渠道和产业制作中心。2017 年，王健林提出，“要建立全球电影发行网，下一步的战略部署是建立强大的海外发行渠道”。可以预见，未来海外发行公司的并购少不了万达的身影，万达也将通过“有计划、有战略”的并购，实现全球电影全产业链布局的目标。

百亿淘金，横冲直撞好莱坞

最近十年以来，中国电影产业发展迅猛，俨然已经成为全球第二大票房市场，将来赶超北美，拿下全球第一的位置，也是极有可能的事情。在影视方面，王健林和他的万达集团有着敏锐的认识，早在 2005 年，就成立了万达院线，开始布局电影终端市场。

在国内稳步发展的同时，王健林也一直关注着海外影视市场。2012 年，万达集团斥资 31 亿美元，收购美国第二大院线运营商 AMC；2014 年，万达中标洛杉矶比佛利山市威尔谢尔大道 9900 号项目地块，计划投资 12 亿美元建设综合性地标项目，设立万达洛杉矶办事处负责文化类投资，整合好莱坞影视产业资源，投资好莱坞影视公司或投拍好莱坞全球发行的影视作品；2015 年，万达院线又以 22.46 亿元全资收购澳洲第二大院线公司 Hoyts。万达“成为全球性娱乐公司”的野心充分显现。而王健林也曾公开表示，其目标是到2020年控制全球20%的影院市场。

万达收购的国际院线，大多数偏向于渠道和发行。随着国外大片中所体现的主流价值观输出，话语权争夺成为众多国家影视产业争夺的重点。在上游生产环节尤其是内容制作和输出并不是很占优势的中国，显然应该向西方学习和借鉴。之前，王健林对于电影产业布局的构想也是想通过收购好莱坞电影公司，把他们的技术和能力带到中国来。从目前的收购步骤来看，这个构想已然在他的实践之中。

万达曾洽谈过收购好莱坞六大电影公司之一的派拉蒙的股份，这笔交易涉及派拉蒙公司49%的股份，不过这笔交易最终没有谈成。

王健林也曾多次表示，他希望收购好莱坞的六大电影公司。不过，对于背景雄厚的好莱坞六大公司而言，想要收购其中任何一家都非易事。

不过，除六大公司外，王健林还是有很多别的选择，如传奇影业。

2016年开年，一个震惊中国网民的消息在互联网上传播开来：1月12日，万达集团宣布以不超过35亿美元现金（约230亿元人民币）的价格收购美国传奇影业公司。此项交易完成后，王健林成为好莱坞大牌影视制作公司的第一个中国老板。

传奇影业在很多人看来，或许不是好莱坞名气最大的电影公司，但传奇影业出品的经典大片却数不胜数，如《蝙蝠侠》系列、《盗梦空间》《宿醉》《侏罗纪世界》《300勇士：帝国崛起》《环太平洋》《超人：钢铁之躯》等，都是中国影视爱好者耳熟能详的作品。

传奇影业是美国一家独立的电影制作公司，成立于2000年，该公司的特点是喜欢制作大预算、视听效果震撼的大片。传奇影业早期曾经与华纳兄弟影业有过长达8年的合作，在此过程中，对电影产业的实体运行有了深入的掌握。传奇影业的业务包括电影、电视、数字媒体以及动漫等。2013年，与华纳分道扬镳后，传奇影业开始与环球影业合作，环球负责在 2014 年之后的 5 年间投资、发行传奇影业的影片。

对中国市场，传奇影业一直青睐有加，还与国内的多家影视公司传出过“绯闻”。2010 年，橙天嘉禾就曾以 2500 万美元购得传奇影业 3.3% 的股份，并拥有一个董事席位，不过，第二年就将其出售。2011 年，传奇影业又与华谊兄弟公司合作在香港成立传奇东方影视制作公司，意在与中国电影公司合作，绕过中国市场对引进电影配额的限制。其中，华谊兄弟国际持有 10% 的股份。不过，此后，该合资公司并无大的动作，传奇东方的业务以代理美国传奇影业所投资拍摄的进口影片为主。有媒体报道称，华谊兄弟与传奇影视的这次合作在 2012 年就已经“流产”。

2016 年，传奇影业有两部大片上映，一部是张艺谋导演的《长城》，另一部则是根据暴雪娱乐游戏改编的电影《魔兽》。

对于这次并购传奇影业的大手笔之作，王健林给出了三点理由：第一，并购传奇影业的价值并不在于电影本身，因为传奇影业拥有众多 IP 知识产权，这些 IP 会给万达的旅游产业、儿童娱乐行业带来很大的协同效应；第二，本次并购将增加万达在全球电影市场的话语权；第三，万达的电影制作公司也可以近距离学习传奇影业的经验。

王健林一直看重中国电影的巨大市场，但对万达在全球电影产业的话语权也绝不轻忽，与传奇影业的联姻就是“增加万达集团在全球电影产业话语权”的关键一步，“现在全球电影市场话语权基本上由美国几大公司掌控，这个格局靠谁来改变，就是靠我们一点一点来改变”。

在收购 AMC 时，王健林也表达过类似的观点：“不要像《钢铁侠》电影中的双重标准那样，到当地市场去叫当地人打酱油，不要到美国一个标准，印度一个标准，到中国又一个标准。”

王健林认为，电影《钢铁侠》只在影片中邀请两名中国知名演员充当“打酱油”的角色，是对中国市场和中国消费者的不尊重，只是为了赚中国市场的钱，在北美地区放映时，两名中国演员的戏份索性被全部剪掉，这是一种投机取巧行为，注定会失败。但也充分体现了美国大公司对电影市场的超强控制。

王健林说，电影市场是全球的，现在电影市场基本靠几家美国大公司在控制，也许不久的将来万达会有更大的并购，比如将美国某个更大的电影集团收至麾下。王健林还透露，万达很快将在国内启动电影制作、发行业务IPO，在他看来，传奇影业这个时候加入，更是完美地契合了他力推的影视全产业链布局。

这种综合优势让万达在面对其他竞争对手时有了更多选择和控制的余地。一些电影制作方也希望通过与万达的合作（接受万达投资或者让万达做发行）来换取万达院线更多排片资源的倾斜。

实际上，过去几年，万达也正是这么做的。从《太极侠》《宫》到《唐人街探案》《勇士之门》，这些万达主控或者参与制作的影片至少在上映首日获得了超出市场平均排片量的待遇。而那些与万达存在强烈竞争关系的公司和影片的市场空间，则多多少少会受到挤压。比如，冯小刚导演就曾因自己的作品《我不是潘金莲》受到万达排片量的限制，与王思聪发生过口水战。不与万达进行正面交恶，成了许多国内电影人最重要的一条商业准则。

值得注意的是，不限于海外电影产业本身，万达在海外的影视全产业链布局与王健林近年来在海外精心布局的旅游、文化产业形成合纵连横、互补长短之势。“传奇影业几千个IP知识产权，将来就会变成整个旅游行业或者儿童娱乐行业巨大的生命源，实现电影产品的延续”，王健林显然布下了一盘文化产业的大棋。

影视布局，每个环节都要拿第一

毋庸置疑的是，现在的万达集团已经不再是一家单纯的商业地产公司，已经逐渐转型成为一个超级企业帝国，业务分布十分广泛。仅万达影视这一块，就能衍生出许多强势的业务，如图 7–1 所示。

王健林认为，进入一个行业就一个目标，要么做中国第一，要么做世界第一。2013 年，万达投资 500 亿元打造青岛东方影都项目，其中，文化旅游投资超过 300 亿元，是当时全球投资规模最大的文化产业项目之一。

青岛东方影都开幕仪式引起轰动的是国内外一些影视巨星的助阵，包括好莱坞的妮可·基德曼、莱昂纳多及众多港台、大陆明星。美国 CAA、WME、UTA、ICM 四家艺人经纪公司，美国索尼影业、华纳兄弟、环球影业、派拉蒙

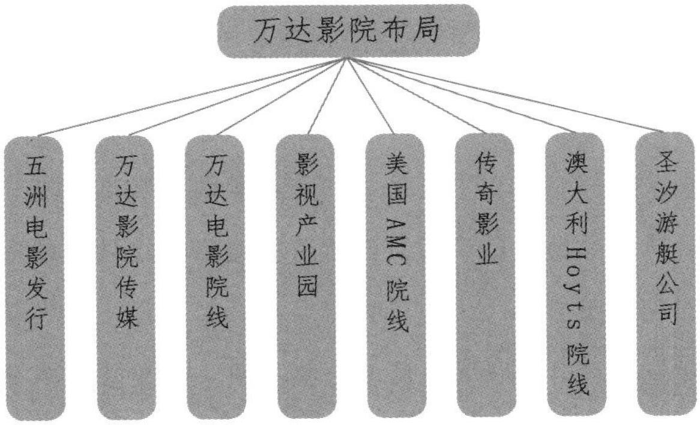

图 7-1　万达影院控股范围

等国际知名演艺公司对这个项目也纷纷表示了支持。

在影视界，这些明星和行业公司的地位举足轻重。万达不惜重金邀请这些明星和公司参加青岛影都项目的启动仪式，并非简单地吸引眼球，背后商业的考量才是万达的本意所在。

王健林这一次斥巨资打造的青岛东方影都，项目占地376万平方米、总建筑面积540万平方米，包括影视产业园、电影博物馆、影视名人蜡像馆、影视会展中心、汽车极限秀、万达文化旅游城、度假酒店群、游艇俱乐部、滨海酒吧街、国际医院等多个项目，是世界唯一具有影视拍摄、影视制作、影视会展、影视旅游综合功能的特大型影视产业园区。

青岛东方影都开业后，不仅将给影视行业带来巨大的冲击力，还将实现从观光、体验到住宿的全球旅游形态的覆盖，为青岛带来2000万的旅游人口。

2016年1月16日，王健林在万达年会上做了一个长篇讲话，回顾了万达在2015年的成绩，展望了2016年的前景，其中影视产业，是王健林着重讲的一点，具体涉及影视部分的内容是：

去年万达全球新增影城677家，新增屏幕6788块……去年万达电影会员全球新增近4300万人，其中中国国内新增3800万会员。万达去年35亿美元并购了美国的传奇影业，并购了美国卡麦克院线和欧洲欧典院线，以及国内一批院线和时光网。

万达电影在欧洲、北美、中国全球三大市场均排名第一。一百多年世界电影史第一次出现跨国电影院线集团，以前所有电影院线公司都是区域经营，从没出现过跨国院线集团……

在这里我要专门点名表扬AMC的CEO埃德蒙，去年万达两个大的并购——卡麦克和欧典院线的并购都是以埃德蒙为首……他不仅把并购办成了，还在集团批准预算的基础上节省了好几亿美元。所以集团决定重奖埃德蒙和AMC团队。

我开玩笑讲，万达如果有五个埃德蒙我就可以退休了。有五个这样的人工作，那万达的产业都会增长、发展很好，我就没必要上班了。AMC 旗下电影公司拍摄的影片《聚焦》，去年还获得奥斯卡分量最重的最佳影片和最佳原创剧本两项大奖，也创造历史。东方影都去年成功赴洛杉矶招商，签约 11 部好莱坞的影片入驻拍摄。

……

一是继续扩大市场份额，实现 2020 年全球 20% 的市场份额这一伟大目标。我在四年前提出这个口号，很多人都不相信。我们现在已经做到 12%，还差 8 个百分点，要靠大家的努力。二是发挥完整产业链的优势，提升整体效益，整个电影产业 2020 年要实现 100 亿元人民币净利润。三是电影制作、发行、放映都要成为全球领军企业。四是东方影都力争今年底提前竣工，部分投入试运行。五是探索全球电影发行的可能。这句话带限制词，探索全球发行的可能，就是这件事想做，但还要研究怎么做。全世界电影公司好几万家，有全球发行能力的只有好莱坞的 6 家，所以这 6 家也号称“六大”，所谓大就是他们有全球发行能力。如果万达到 2020 年占全球放映市场份额的 20%，自己还不能在全球发行电影，那说明万达电影产业缺乏核心竞争力，所以我们现在就要探讨这个问题。如果我们把全球发行这件事做好了，不仅使万达电影走向世界，还能助力中国电影走向世界。

……

现在中国，甚至世界上也只有万达拥有全球电影院线连锁渠道，而且只有万达在中、美两个大电影市场都拥有内容公司。很多方面我们都是独有的，所以打造中国电影品牌的担子，万达应该主动承担起来。我们要从合作拍片、全球发行、电影内容等几个方面入手，把万达电影品牌在世界上打响。

不难看出，万达在影视产业的巨大投入和收获，不是将要发生，而是已经发生，并且量级会越来越大。

总结万达影视未来的发展趋势，依然是继续王健林一贯的“买买买”策略。2016 年，万达完成了 3 宗较大规模的国际并购和 2 宗国内并购（不含院线）。王健林在影视产业的整体布局策略是打通影视制作、发行和院线的整条产业链，并且力争在每个链条环节都拿下第一。为了实现这个目标，王健林采取的主要策略是依托万达集团的整体优势，整合线上和线下资源，花大价钱不断并购国际国内的优势相关企业，从而快速提升体量。

未来展望：进入行业深水区，且行且谨慎

王健林曾指出，万达要做百年企业，就要拥有百年企业的物质基础，而房地产行业无法产生长期、持续、稳定的现金流，所以万达必须向文化旅游转型，而在万达的文化旅游行业中，影视产业又是重中之重，“院线 + 影视 + 广场”是万达打通影视产业链、实现产业转型的关键。

万达做电影，打通影视产业链，核心优势在哪里？答案是渠道，不仅是万达院线，还包括通过万达院线聚拢起来的人群。

首先，去万达看电影的人有很多是会员——2016 年万达院线的会员突破 8000 万人，除电影票外，其中超过 80% 的人会进行别的消费。与国内人均 1.6 次的观影平均数据相比，万达影院会员的数据为 6 次。同时，IMAX、杜比和 X-Land 等放映技术的持续拓展，也拉高了消费的客单价，提高了万达的产出能力。

其次，院线联盟让万达的优势地位更加巩固。早在 2014 年，万达院线就

联合大地、金逸、横店电影等院线一起组建五洲电影发行有限公司，以电影营销策划、发行为一体，优势还是在发行。

最后，在院线消费中，不仅是电影票和爆米花等零售的收入，影院广告也很可观，这些和发行叠加在一起，成为院线和片方谈判的筹码。比如，万达院线曾参与好莱坞大片《忍者神龟2》的投资，同时也曾参与影片的宣传推广。

光有强大的渠道优势显然还不够，在这个内容为王的时代，万达影视要想真正地打通产业链，还必须拿得出过硬的作品。从万达影视目前涉足的内容来看，走的主要是重金支持的大片模式。从《警察故事2013》开始，到与陈国富的工夫影业的合作，再到2015年的贺岁档冠军《寻龙诀》，无不是如此。当然，其中也有《夏洛特烦恼》《催眠大师》这样的口碑影片。

虽然在渠道上占有优势，在内容上也在迅速跟进，但目前万达影视帝国的战车已经开进行业“深水区”，重量级玩家在增加，游戏规则也在不断变化。国产电影的迅速崛起，爱奇艺、腾讯视频、优酷等视频网站兴起带来的影视发行渠道的裂变乃至产业链的重塑，也都对有着浓厚好莱坞情节的王健林提出新的挑战。王健林要想避开深水区的冰山和暗礁，不仅需要魄力，还需要更多的耐心。

另外，好莱坞高管们对王健林传授的“电影秘籍”并不是十分认可。王健林的有些观点也站不住脚。比如，“越多中国元素，中国观众就会越喜欢”，实际效果往往适得其反。

事实上，在离职以前，叶宁才是万达影视的“看门人”。从2002年加盟万达开始，叶宁经历了万达院线的崛起，参与主导包括AMC在内的多起海外收购，并在院线之外逐步建立起影视内容和发行公司，是王健林在文化产业布局中最为倚仗的人。王健林也毫不掩饰对叶宁的欣赏，在2015年万达年会上，一向拒绝点名表扬具体人与部门的王健林，却破天荒地公开表扬叶宁的贡献，他说：“集团要对院线、影视、发行三家公司以及分管副总裁叶宁的出色工作提出表扬。”

但可惜的是，叶宁最终选择离开万达，并加盟了万达在电影领域最大竞争对手之一的华谊兄弟。叶宁离职后，王健林迟迟没有找到一个可以完全替代叶宁的人，这也增加了万达影视发展的不确定性。

另外，在万达通过一次次收购建立自己庞大的影视产业链时，关于这种“影响力”给自由竞争和文化带来的副作用也开始被提出。2016 年，就曾有 16 名美国议员联名向美国政府问责办公室上书，要求对中国投资者在美国娱乐业的投资进行严格审查，而引用的就是万达对 AMC 和传奇影业的收购。这些议员担心万达会通过这些公司放映的影片进行更多的政治和文化宣传。

现在的万达影视已经是全球影视行业的佼佼者，但在进入这个行业深水区之时，如何处理与整个行业、行业竞争对手之间的关系，如何求同存异、共同进步，如何在矛盾出现时理性应对，这都是王健林必须谨慎面对的问题。

看过电影《泰坦尼克号》的人都知道，在这艘豪华游轮最初被建造出来时，根本没有人相信一次小小的冰山撞击就会让这个庞然大物葬身海底。现在的万达影视也如同一艘巨轮，正在深水区全速前进，只有时刻保持谨慎，注意绕开躲在阴暗角落里的冰山和礁石，才能驶向荣耀的彼岸。

第 8 章

做大体育：不只爱足球，全面进军体育产业

体育是门生意，也是门很大的产业。足球是体育产业中的重要部分，但不是全部；在足球上吃过苦头但更享受过成果的王健林，在重返足坛后，也将其触角伸向了更全面的体育产业。王健林的目的很明确，就是将万达打造成世界上最大的体育产业公司。

收购盈方，一举拥有世界体育话语权

2011 年重返足坛后，王健林大手笔不断，在成功收购马德里竞技股份之后不久，又于 2015 年将目标瞄准体育传媒巨头瑞士盈方集团，并成功收购，万达一下就成为全球体育产业的龙头企业之一。

对于中国体育界人士来说，盈方可谓是如雷贯耳的名字，它是全球第二大体育营销公司，也是全球最大的体育媒体制作及转播公司之一。在足球和冬季运动领域，盈方长期排名第一。收购盈方，标志着万达已经开始全面进军体育产业，一举拥有世界体育话语权。

盈方的实力很强，它旗下的全资子公司盈方体育传媒（中国）有限公司（简称盈方中国），就是中国男子篮球国家队和中国篮球职业联赛的市场合作伙伴。不仅如此，从全球范围来看，这家公司也与从事体育营销和管理的国际管理集团公司、广告和市场营销服务机构埃培智集团旗下的八方环球公司、法国拉加代尔体育代理公司和根植于亚洲的世界体育集团并列为全球五大体育营销公司，并直接参与到了世界杯足球赛、冬奥会等世界顶级赛事的运营中。

在这次收购中，万达击败了另外 11 个对手，并以作价 10.5 亿欧元的代价

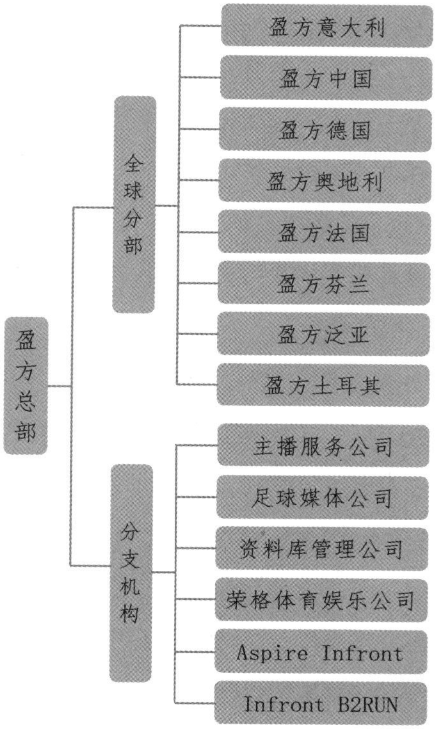

图 8-1　盈方全球分部和分支机构

拿下了盈方。在与另外 3 家知名机构及盈方管理层的股权分配中，万达占股 68.2%，拥有绝对控股权，同时拥有盈方的一切优秀资源，160 家体育组织、25 个体育大项、数百家赞助商和媒体，都和盈方保持着良好的合作。

从现在的形势来看，王健林收购盈方可谓目光如炬。就在收购盈方后不久，北京成功申办 2022 年冬奥会，作为冬季运动领域排名第一的体育营销公司，盈方必定会在北京冬奥会上有大动作。

在足球方面，盈方所达到的广度和深度也是很少有体育公司可以比拟的，曾经负责 2014 年世界杯的转播、2012 欧洲杯场馆的 LED，此外还和多个国家的足协、多个顶级俱乐部有合作关系。从足球的话语权来说，拥有一大半盈方股份的王健林，已经是世界足坛的大佬级人物。

在收购了盈方体育之后，王健林在2015年8月，通过盈方体育向德甲美因茨俱乐部注资，签下一份10年价值约2.6亿欧元（约合18亿元人民币）的大合同。鉴于德甲“50+1”（要求“个人或企业至少参与运营俱乐部20年以上，才可控股51%”）收购政策的约束，德甲并不会像英超那样出现大量外资控股的俱乐部。对此，王健林旗下的盈方体育实行软着陆策略，先谋求营销共赢，下一步才会寻求更深层次的合作。

投资马德里竞技和盈方很快就让王健林尝到了甜头。2015年5月29日，王健林受邀参加了在苏黎世进行的国际足联大会，他的座位甚至被安排到了嘉宾区第1排中间，距离主席台20米，他的正前方是前任国际足联主席布拉特。嘉宾区第一排30人，除了王健林，绝大部分都是世界各地体育组织的最高负责人。

王健林出手收购盈方也有很大爱国因素在内，他曾表示，收购盈方最主要的目的就是有助于加快实现中国申办世界杯的目标。这无疑是一个伟大的构想。除了世界杯转播权，盈方在冬季项目上也具有全球领先的市场话语权。显然，这是更大的一盘棋——布局体育产业。

2015年12月，万达体育有限公司成立，而盈方是其最重要的资产。2019年7月，万达体育成功上市，登陆纳斯达克。

另外，王健林做体育产业依然是“组合”出击，将体育产业与万达现有的产业结合起来，比如，在万达旅游度假村内举行跑步比赛，既能增加比赛的人气，又能给度假村带来收入。

总之，王健林做大体育产业的决心，已经明确地展现在世人面前，至于未来会如何发展，让我们拭目以待。

豪掷 6.5 亿美元买下铁人三项

继瑞士盈方和马德里竞技之后，2015 年 8 月，万达集团又宣布以 6.5 亿美元（约合 42 亿元人民币）并购美国世界铁人公司（WTC）100% 的股权。

很长一段时间以来，因为翻译不够精确，国内体育界习惯将游泳、自行车、跑步这三项综合运动称为“铁人三项”。但事实上，国际体育界只将 WTC 组织的“三项运动”称为“铁人三项”。这一次万达集团通过收购 WTC 带来的铁人品牌赛事，才使国际公认的正牌“铁人三项”首次落户中国。

作为世界铁人公司的品牌赛事，“铁人三项”要求运动员在一天时间内完成 3.8 公里公开水域游泳、180 公里自行车骑行，以及 42.195 公里的完整马拉松跑步。这是普通人闻风丧胆的挑战，是人类对自身体能发起的终极挑战。因此，只有完成这项赛事，才会被授予“铁人”的称号。

铁人品牌在全球范围内，一直是体育爱好者最尊重的品牌，在全球的游泳、自行车、跑步三项综合运动赛事中，世界铁人公司的市场份额高达 90%。

王健林收购 WTC 这一举动，被国内外的数位体育、财经专家点赞，在布局了足球、盈方体育传媒后，购买 WTC 将大大扩充万达体育的丰富度和软实力。收购这项最具商业价值、在欧美国家非常受关注的潜力项目，是王健林体育产业完美布局的点睛之笔。

对于收购 WTC，外国媒体评价说，王健林必然对“铁人三项”有着更远大的计划，他的目标是在中国发展该运动，到 2025 年，将目前 100 名业余选手的数量扩大至20万名。其推广活动由盈方体育和一个电视真人秀节目（指熊猫TV）来进行。另外，旨在推动中国体育产业规模由目前的100亿美元增加至2025年的7800亿美元的国家激励措施，也将有助于铁人三项的发展。

在并购签约仪式上，王健林还特意强调了中国以往报道该运动时的错误，“国内报道这块使用铁人三项，其实这是有误区的。铁人三项，这个‘铁人’的品牌是归现在并购的这家公司所独有的，只有这家公司所从事的运动可以使用‘铁人’，其他只能叫三项运动，因为我们在中国已经获得了铁人公司的所有品牌，接下来以后可能公司还要做一些侵权行为的引导，都在使用铁人三项，在使用我们的品牌，那就是对我们的品牌有伤害。我们也会对参加这个运动，不管是业余的，还是专业的，只要按规定完成比赛的，会正式授予中国铁人的证书，使‘铁人三项’在中国得到更大的推广”。

在体育产业上完成一系列投资动作之后，王健林曾通过不同渠道多次表达要将国际顶级赛事引进国内。而“铁人三项”赛正是万达第一次兑现国内落地顶级赛事的承诺。

“铁人三项”运动在中国正处于爆发的前夜，具有广阔发展前景。欧美发达国家“铁人三项”运动的主要参与人群是中产阶级，年龄为35~40岁。而中国正迈入中等收入国家，人们越来越注重身体健康和精神享受，“铁人三项”运动挑战自我的独特魅力将吸引大量参与者。

当然，因为对参赛选手的较高要求，“铁人三项”运动未来发展的火爆程度和影响力可能不及马拉松比赛，但在综合效益方面，却并不比马拉松差。

首先，赛事主办方收益可观。WTC每年在全球运营250多项赛事，通过出售赛事授权商业许可、报名费、赞助以及电视转播，每年税前利润超过5000万美元。WTC在过去四年里，收入年均复合增长率超过20%，净利润增长年均在40%以上，如果再加上中国业务，预期会更加良好。

其次，在国际范围内，“铁人三项”与旅游有着不可分割的联系，“铁人三项”

的比赛地往往选在旅游城市的风景区，比如，“铁人三项”的举办地美国夏威夷、中国台湾垦丁、日本北海道洞爷湖等都是旅游胜地，在这些地方举办比赛，除了能借助景区优势拉动体育产业的发展外，赛事举办地的消费也能被带动。比如，中国台湾垦丁铁人三项 70.3 比赛期间，就为这个地方带来了超过 2 亿台币（约合 4000 万元人民币）的经济效益。

最后，通过真人秀影视节目等延伸产品发展打通自身的娱乐体育资源也是一个不错的选择，NBC（美国全国广播公司）此前通过“铁人三项”真人秀纪录片拿到的 16 座艾美奖，就是很好的例子。对此，王健林也表示“将选择一家有影响力的国内电视台来做铁人三项运动的真人秀节目，进而带动铁人三项运动在中国的普及发展”。

俱乐部只是体育产业 C 端，要搞就搞定 A 端和 B 端

王健林做大体育产业的雄心已是人尽皆知，体育产业也被万达视为未来最重要的增长点之一。

王健林深谙体育产业，他遵循的是体育界信奉的“得 IP（版权）者得天下”的游戏规则，瞄准了产业链中上游的稀缺资源。基于其自身对体育的研究和理解，王健林把体育产业划分为 A、B、C 三端。

王健林认为的体育产业的 A 端，是体育产业中的国际性组织，既包括重大综合赛事的国际组织，也包括单项赛事的国际组织。

他说：“企业想拥有 A 端是非常困难的，目前世界数百个体育组织中，除了极少数是家族控制外，基本都是非营利组织，如国际足联、国际奥委会。虽

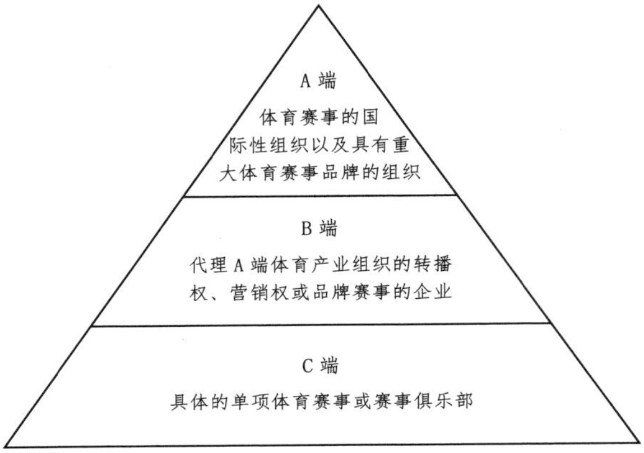

图 8-2　王健林分解的体育产业的三个层次

然从严格意义上讲，这些组织也是公司，他们卖转播权，有收入，而且很有钱，账上存款数十亿美元，甚至更高，只是要求分配均匀。”

全权代理运营 A 端的赛事与产业的，被王健林称为体育产业的 B 端，也是企业介入体育产业可以做到的最高层级。

“主要就是代理这些体育产业组织或品牌赛事转播权、营销权的公司。比如万达收购的瑞士盈方公司就是一个 B 端公司。冬奥会有七大单项冰雪赛事组织，包括冰球、滑雪、滑冰等，这些单项组织的版权和营销权全部由盈方独家代理，但是他自己很少组织赛事运营，这就是 B 端公司。”王健林说。

单个体育比赛或者体育俱乐部被王健林定位为体育产业的 C 端，也是最低端。王健林坦言：“搞俱乐部这种 C 端，它居于下游，不挣钱。足球、篮球俱乐部，基本都是烧钱，赚的是名声。”

所以，王健林把 A 端和 B 端视作体育产业中真正的高端，并在体育产业布局上倾向这两者，而他不再涉足中超俱乐部的行为也就不难理解了。

从 2015 年起，王健林开始转身加入了大体育资源的争端战中：从对瑞士盈方体育、马德里竞技球队的股权投资到并购美国世界铁人公司，再到王思聪旗下普思投资对乐视体育的投资等。短短时间里，万达已在体育领域进行了规模庞大的全产业链投资，收购企业涵盖了赛事品牌、俱乐部、赛事运营企业以及最终端的赛事直播。

对于体育产业的并购，王健林有自己的明确要求，除盈利外，并购的体育公司业务必须能在中国落地。

想要落地，考虑的因素有很多。既要有高端资源和人脉的支持，又要有观众关注度及可参与性双高的项目。考量之下，将“铁人三项”在中国落地后，王健林又于2016年扔出了两颗震惊中国乃至世界体坛的重磅炸弹：万达集团成为国际足联（FIFA）的顶级赞助商以及国际篮联（FIBA）的独家商业开发合作伙伴。至此，万达把体育产业中最受欢迎的两个项目的A端牢牢控制。

拿下A端和B端后，王健林也并未完全放弃C端，比如，针对单个体育比赛，王健林就声称：“我们在中国落地的赛事要达到唯一性、世界级两个标准。”

王健林的企业棋盘是建立在当下消费升级的大背景下，无论体育、旅游娱乐、商场消费，还是金融，都将成为最后万达控制人流的最有价值的手段。万达的城市综合体每年所涵盖的消费者已经超过两亿人，万达要做的事情就是如何把现有消费群的消费能力转化为公司的产品和服务。

2016年，国家体育总局推出了《体育产业发展“十三五”规划》，规划显示，“十三五”时期，体育消费方式将从实物型消费向参与型和观赏型消费扩展，体育产业将从追求规模向提高质量和竞争力扩展。行业即将迎来精耕细作的阶段。

在这个大前提下，体育行业内有一大半企业可能都会垮掉，除非掌握了核心IP或者真正有价值的内容。因为一旦进入精耕细作阶段，体育产业或文化产业就会面临马太效应。万达体育目前最大的优势就在于它的产业链够长，可以延伸到文化产业中去，形成新的商业模式。王健林并不避讳宣扬他称霸体育产业的雄心。万达已进入第四轮转型，万达商业、文化、金融、电子商务成为其新四大支柱产业。要做大做强文化产业，其中重要一点就是体育产业。

2015年，万达文化集团实现收入512.8亿元，其中万达体育控股收入58.7亿元，完成年计划的132.7%。2016年上半年，万达文化集团收入达290.3亿元，完成上半年计划的105.7%，同比增长57.1%；而体育控股公司上半年收入33.9亿元，完成上半年计划的104.8%。

2015年年末，万达体育全球总部在广州正式建立。“它不是终点，相反会是一个新的起点。”王健林对于万达体育的未来踌躇满志。

按照王健林的计划，在接下来完成几宗体育公司并购后，他将把万达体育分拆出来上市，“未来至少一两家公司（体育公司）是要合并在一起，去公开募股的”。

目标——世界最大体育公司

目前，中国体育产业还处在萌芽启蒙期，就像是一个出生不久的婴儿。按照政府权威部门公布的信息，2014年中国体育及相关产业收入不到500亿美元，这还是把运动服装、运动鞋都算作体育产业。而按照国际惯例，只有体育赛事、体育经纪、体育传媒这些内容才是真正的体育产业。假如按这个标准，中国体育产业规模小于250亿美元，也就是最多1500亿元人民币。与此同时，2014年美国体育产业规模是5000亿美元，中国人均体育消费只有美国的1/80。近十年来，美国体育产业还在以GDP倍数的速度在扩张。王健林指出，这是因为人类需求必然从生存性需求升级到享受性需求，有钱有闲就要来玩体育、玩文化。

不过，中国体育产业目前虽然还非常幼小，但国家出台了非常宏伟的规划，国务院提出到 2025 年，中国体育产业规模要达到 5 万亿元人民币，相当于 8000 亿美元，就是说，2025 年中国要成为世界第一体育产业大国。体育产业本身会带动旅游等相关产业发展，如果实现这一目标，2025 年，中国至少会有超过 1000 万人直接为体育产业工作，带动相关行业的从业人数就更多了。所以，在王健林看来，中国体育产业是有巨大发展空间的，这是一个前途非常看好的朝阳产业。和科技、制造、电子商务等行业相比，体育产业还有一个非常大的优势，就是赛事越老越值钱，品牌越久越值钱。凡是在国际上非常知名的体育赛事，无不是经营了几十年，甚至上百年，而且无论科技如何发达，都不会轻易消亡或变化。

此外，王健林还称，“我们不看面子，我们只看银子，热热闹闹的事当然要搞”。但万达体育的产业主要是搞赛事，以及赛事延伸出来的赛事经纪、商业、传媒等，这才是万达布局体育产业最主要的方向。

王健林说，万达在体育产业的目标是“成为世界最大体育公司”，要实现这个最终目标，要重点实现三个“小目标”：

一是把规模做到更大。万达并购盈方和世界铁人三项公司以后，以收入论，万达体育公司已是世界规模最大。但这还远远不够，因为体育产业在全球都呈现小、散、乱的特点，体育行业没有一家收入超过百亿美元的公司，也没有出现能掌控行业的企业。所以万达体育的目标就是把这个产业真正做大，成为世界上第一个体育产业突破百亿美元的企业。为此我们要继续加强并购，同时也谋划新的体育产业内容。

二是在体育产业领域拥有更多话语权。过去中国体育产业非常弱小，在国际体育产业中基本没有什么话语权。举个例子，中国现在发展了，很多人打网球，国内几大城市举办了大的国际网球赛事，个别赛事给出的奖金比国际著名的五大网球公开赛还高，但这些赛事经营得非常吃力，每年邀请明星参赛非常困难，很难挣钱，什么原因？因为五大网球赛事形成了利益集团，国际网联受他们的影响，不会再发展第六大赛事。中国网球赛事奖金虽然很多，但积分不高。所以不论怎么努力，不论给多少奖金，都很难有话语权。万达正在做和接下来要不断做的事情，就是尽可能地去收购国际体育产业的B端公司，从而逐渐扩大中国在世界体育领域的话语权。比如收购盈方公司，它代理了冬奥会七大单项组织的营销权和版权，对我们举办2022年冬奥会就有一定影响。

三是给中国带来具有唯一性、有重大影响的赛事。我们收购这些公司目的是什么？盈方公司每年有10%左右的增长，美国世界铁人公司每年有20%的增长，在西方看来已经够优秀了，但这不是我们的目标，我们希望通过并购为中国带来具有影响力的重大赛事，从而推动中国体育产业发展。因为还没正式签约，我不能公布太多，但可以告诉大家，明年中国的三到四个城市，会有规范的、非常有影响力的铁人三项赛事推出，参赛者大都是外国优秀运动员，世界排名前几的都会来。我们还会推出在中国甚至亚洲具有唯一性的两到三项重大赛事，也许明年上半年就会宣布，那时大家就会明白万达为什么要收购这类公司了。

对于国内所有体育产业从业者来说，有更多像王健林这样的心怀大志者自然是一件值得高兴的事，万达雄厚的资本、成熟的经营都将对盘活中国体育产业市场形成更大的助推，并帮助中国体育产业的体量早日达到5万亿元的规模。

目前，中国体育产业仍是以学习者的姿态模仿着西方体育产业的成功经验，但在未来，中国的体育产业一定能在如王健林般的能人志士们的努力下，摆脱模仿者的角色，针对中国市场，建立具有中国特色的体育产业体系与秩序，实现“自立吾理”的大体育梦想。

第 9 章

电商征程：跌宕起伏的突围之路

王健林的电商梦由来已久，圆梦之路却走得颇为坎坷。万达电商自 2012 年开始组建，经历了多次转变，从万汇网到飞凡网，再到互联网金融；从对赌马云到百万年薪招聘 CEO，再到联合腾讯、百度上演电商版“三英战吕布”，结果都不尽如人意。然而，王健林的电商征程却远没有到结束的时候，甚或才只是一个开始。

1 亿元对赌马云，高调开启电商路

2012 年 12 月 12 日，王健林与阿里巴巴董事会主席马云共同获得 2012 年度“CCTV 中国经济年度人物”奖。

在虚拟世界里，马云驰骋纵横；在实体经济中，王健林开疆拓土。在这次颁奖现场，双方就“电商能否取代传统的店铺经营”展开激烈辩论。马云的观点是“电商一定会胜”，王健林则表示“双方都能活”。

王健林说：“马云先生很厉害，但是我不认为电商出来，传统零售渠道就一定会死，基于三个理由：第一，现在电商再厉害，但是现在占的份额依然比较小，将来能不能占一半以上份额，还有待时间检验。第二，零售所有的东西，吃穿用的东西，比如我们穿衣服不完全是为了避寒，吃东西不完全是填饱肚子，很多人穿衣服是穿给别人看的，戴的表是给别人看的。现在消费有一个观点，叫炫耀性消费，是为别人活的。所以，这些东西弄得再好，在公众场合展示，要走入人多的场所，所以会去零售渠道。第三，零售商不会等死，当然，在马云的冲击下，一些不思进取，或者标准化的零售渠道，如果没有应对之策，可能会死掉，但是如果零售商加以自己的发扬，或者有所作为，线上线下结合，一定会活得很好。美国前十大电商都是零售渠道的案例。”

马云回应：“我先告诉所有的像王总这样的传统零售一个好消息，电商不可能完全取代零售行业。同时告诉你们，是基本取代你们。重要的是电子商务今天不是模式的创新，是生活方式的变革。很多人看成是商业模式，事实上它在影响一代又一代人。电子商务今天一万亿只是刚刚开始，现在所做的只是对传统零售渠道的变革，未来三年五年，将进入生产制造的变革，直到影响生活方式的变革。

今天电子商务不是想取代谁，不是想消灭谁，而是想建设更加新颖的、透明的、开放、公正、公平的商业环境，去支持那些未来成为中国最佳的像王健林这样的企业家。中国成功的未来的主导中国经济的，不是马云，不是王健林，而是今天没有听见，没有见到过，甚至没有听说过，很多人可能看不见、看不起、跟不上、看不懂的年轻人，他们将取代我们，他们将成为中国经济的未来。因为他们今天正在用互联网的思想和互联网技术在改变今天的商业环境。”

面对马云的步步紧逼，王健林毫不示弱，直接发起赌约：“电商再厉害，但像洗澡、捏脚、掏耳朵这些业务，电商是取代不了的。我跟马云先生赌一把：10 年后，如果电商在中国零售市场，整个大零售市场份额占 50%，我给他一个亿，如果没到他还我一个亿。”

毫无疑问，电商的兴起深刻改变了中国的商业版图，其中淘宝和天猫、京东、苏宁易购，包括腾讯都已经成为电子商务巨头，而各类垂直门户网站，如当当、美团、饿了么等也快速崛起，80 后、90 后乃至 00 后的购买习惯已经发生非常显著的变化，网购成为一种基本的生活形态，电子商务已经跨过临界点，从过去的一种局部现象扩展为全局现象，从流通业务扩展到制造业、服务业和金融业，其对经济的影响是全局性、根本性的。

在这种背景下，王健林和马云之间一个亿的豪华赌局，瞬间让公众将关注的视线投在了这两位企业大佬身上，并引发了线上线下的大讨论。

对于这场关于电商与实体谁胜谁负的“亿元豪赌”，马云一直抱有必胜的信心。但王健林也并非无的放矢。在接受媒体采访时，他表示，所有新方式都是对传统方式的促进，但并不意味着传统产业都要消失。电商的确发展很快，但是别忘了传统实体店也在做大蛋糕。电商和实体之间，不是切蛋糕的思维，你切掉别人就没了。从消费者的角度来讲，喜欢网购的人也经常去商场，两者并非非此即彼。任何一个新的模式不可能完全灭掉以前的模式，所以，王健林才会说“双方都能活”。

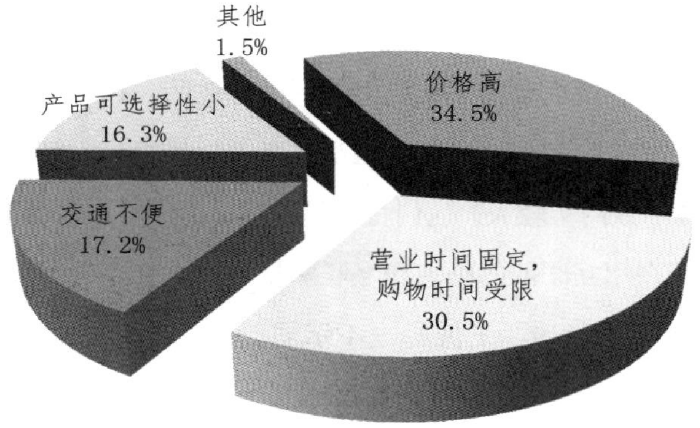

图 9-1　实体店在中国网民心目中的主要劣势

在大众思维里，有一个普遍的误区，那就是总认为线上成本比线下成本低。有人做过这样一个类比：有两家百货商店，一家是线下实体店，一家是线上电商。实体店需要承担店租和售货员的工资等费用，销售的方式是顾客上门购买；电子商务则不需要承担这些费用，销售的方式是送货上门。

初步来看，电商在成本上似乎更占优势，但如果细化起来，却并非如此。

我们这里做个假设，这两家百货商店每年的订单量都是 1000 万单，每单金额 100 元，总共 10 亿元。

那么，实体店每年的租金、人工成本、水电费假设是销售额的 10%，也就是 1 亿元，毛利率是 20%，也就是 2 亿元，净利润是 10%，也就是 1 亿元。

与此相比，电商不用管租金和水电费成本，人工成本也很小，但电商的费用并非就是这些，还有一个大头，那就是巨大的物流成本。因为无论买的是什么东西，电商基本都是免费送货上门，或者收取很低的价格，假设每单快递费用 10 元，1000 万单订单的物流成本就达到了 1 亿元。如此，毛利率与净利润与实体店也就没有多少差别了。而且，电商还有一个比较头疼的问题，那就是运送大件商品、比较重的商品以及生鲜商品，这几种商品就决定了送货费用很难降低。

尽管上面这个例子的合理性有待考证，随着电商物流的崛起，这方面的缺陷也会得到相应的弥补，但它至少可以说明，电商的成本绝不只是“一台电脑，一根线”而已。

消费者之所以觉得网上购物比在实体店购物便宜，是因为网店大多都是由经销商直接开店，省略了许多中间环节，也减少了分享利润的环节，省下的这部分钱就回馈给买家。但严格说来，这样的销售方式，实体店也可以做到，省略经销商环节，直接向商品的生产公司拿货，这样不仅可以降低单价，还可以提升利润。这里面难度不小，但并非无法实现，一旦线下实体店也采取这样的销售方式，其与电商之间的胜负还是存在很大变数。

另外，现在的电子商务在纳税方面与线下实体店采取不同的制度，如果在将来，线上与线下的纳税制度实行了统一，那么电子商务的成本也随之会上一个台阶。

电商与实体的胜负，还无法精准预测，但越来越多的交易通过网络进行，却是不可争辩的事实，精明的王健林自然也看准了这一点，因此，当人们对这场赌局津津乐道时，他就已经紧锣密鼓地开始筹备向电商行业进军了。

百万年薪招 CEO，毫不隐藏的电商野心

2012 年，在与马云设下亿元赌局的第三天，王健林就出人意料抛出了万人招聘计划：总计划招聘 1 万人，总经理年薪 200 万，技术部总经理年薪 110 万，主任工程师 90 万起……当时，王健林委托了几乎所有高级猎头公司寻找电商总经理，高调进军电商，王健林被视为传统企业中最具电商野心的企业家，其高薪挖角也搅动了电商行业的神经。不过，适合万达电商的 CEO 并不好招，面试了几十位电商总经理，都没找到一个真正满意的。

2012 年 12 月，曾任谷歌总部电子商务技术部经理、阿里巴巴国际交易技术资深总监的龚义涛加盟万达电商，不过技术出身的龚义涛并不是万达电商最理想的负责人。据万达人力资源副总裁透露，王健林对于万达电商 CEO 的要求有两项：一是年龄在 40~45 岁。因为太年轻的无法与其他子公司平等交流。二是需要成功经验，管理过几百亿年收入的公司。但理想很丰满，现实却很骨感，真正符合这两项条件又特别优秀的似乎只有马云和刘强东。

龚义涛出任万达电商 CEO 之后，除了与王健林及集团高管沟通商议战略方向和战术打法外，做得最多的一件事情就是招聘互联网和电商圈的人。万达电商于 2012 年 5 月正式组建，当时团队仅有十几人。团队建成后，提了很多套方案，不过都是些建个网站、做个移动 APP 这样的纯互联网思路，结果都被王健林否决了。到 2013 年八九月，这个团队依然没有拿出一个适合万达的电商方案。而这时，王健林引入了原万达 IT 部高管朱战备临时接管了万达电商，

并带过来一批做信息技术的人才，开始对万达电商进行大面积调整。此后，诸多万达电商团队成员纷纷离开，只有龚义涛留下来继续推动万达电商业务的发展，直到 8 个月之后，才正式宣布离职。

朱战备带着一帮做信息技术的万达老员工开始重新研究电商该怎么做，并很快就得出了结论：B2C 投资巨大，而且天猫和京东已经建立了明显优势，很难再追上去。而万达的线下实体店一年有超过 20 亿人次的流量，线下流量的客单价、转化率要比线上的 B2C 电商高得多，因此他们认为万达电商应该做 O2O，而不是 B2C。在经过长达 8 个月的反复论证和各种方案的比较后，万达内部逐步达成了一致的共识："大会员、大数据"是万达电商的战略方向和转型的核心。

但是，要想实现"大会员"和"大数据"并非易事，既要有成熟的会员营销，还需要可用的客户关系管理软件，更需要懂得会员营销的运营团队。于是，万达开始了"大会员、大数据"项目核心系统的招标工作。相较于 IBM、甲骨文、西门子等跨国巨头，雅座在线这家本土的小公司最终脱颖而出，赢得了万达的信任。

2013 年 9 月，万达电商在万达商业年会上首次公开亮相，其商业模式也首次对外公开——"通过打通线上线下的方式（O2O），打造智能化经营平台"。虽然确定了 O2O 的模式，但万达电商最终的产品形态在这时还没有亮相，因此这次对外公开没有特别亮眼的地方。

直到 2013 年 12 月 12 日，万达电商的产品"万汇网"与其 APP 才同期上线试运营。万汇网定位为 O2O 模式，不提供实物类商品的购买，更像是万达线下的导购平台，首期只与四个城市的 6 家线下万达广场打通。万汇网提供的服务包括商家资讯、广场活动、商品导购、优惠折扣等。

万汇网包含"大会员"体系、"大数据"体系、"黏性服务"体系、"商机营销工具"体系。其中"大会员"体系是万汇网的钢筋框架，这个钢筋框架，以用户为出发点，将商场、商家、服务、电影等垂直领域结合和支撑起来；"大数据”体系是万汇网的核武器，主要是先收集用户的各种支付数据、行为轨迹数据、购买数据、交互数据，然后进行核武器的聚类和分析，嗅出用户喜好、特性；“黏性服务”体系能打造线下的良好环境，让用户在万达的商场爽到爆、惊到爆，其流程首先是会员导入，通过黏性服务向万汇网进行会员导入，然后是黏住会员，紧紧地黏住导入到万汇网的会员；“商机营销工具”是将“大数据”体系的核武器从军用转为民用，提供给商户，和商户共享“大数据”的红利。

万汇网的手机 APP“万汇”，为用户提供广场活动、商家资讯、商品导购、优惠折扣、电影资讯、美食团购、积分查询、礼品兑换等资讯，以及店铺导航、街景地图、智能寻车、在线预订电影票等一系列智能服务。万达想要通过 APP 黏住会员，真正打通线上与线下，而且有意打通万达广场原有的大歌星和万达电影两大独立 APP，实现各业态的互补。为此，万达在全国进行免费 Wi-Fi 服务的升级改造。

2014 年 3 月底，万达电商第一任 CEO 龚义涛正式告别了万达，新任 CEO 董策于 3 月 31 日正式履职。而朱战备及其带来的那批人在完成过渡任务后，则回到了原来部门。

在任职万达电商 CEO 之前，董策曾创立奢侈品电商佳品网，并曾担任东方园林旗下全新的 O2O 电子商务平台苗联网 CEO。

董策上任后，力推飞凡网。飞凡网仍是以万达广场为辐射核心，专注于线下广场的智能化以及与线上平台的对接。

2014 年 7 月 17 日，王健林在万达半年工作会议上作报告，决定加大对电商的投入，升级电商战略。

在这份报告中，王健林对于电商战略的表述，总结起来包括以下四个主要方面：

第一，组织上：放手发展，给予充分自主权。王健林强调，不要用万达的传统管理模式管电商，要给电商创新、决策、财务的自主权，要制定专门的管理制度与监督体系。并根据目标完成情况，随时准备更换思路与人员。

第二，资源上：所有网上资源均分享给电商。王健林表示，在万达足够壮大后，或者自己投资了银行后，就可以与银行统一发卡，在万达系统内部实现网上一卡通，这张卡在全国万达广场、酒店、度假区消费，购房都能通用，消费还有折扣、积分、抽奖、增值服务等。依靠万达每年产业内的几十亿人次客流，取得优势。

第三，品牌上：构建物理模式，定义万达电商。万达电商要在一两年左右，让大家一说万达电商，就立刻联想到是真正的 O2O。万达电子商务模式的物理形象要尽快展示出来，要回答万达电商是什么。

第四，模式上：王健林表示，万达决定联合中国最大的几家电商成立万达电商，让其参股，首期投资 50 亿元，并用 3 年左右时间找到盈利模式或者方向。

不难看出，对于电商，王健林有着壮志雄心，也有变革的决心，而万达集团亦拥有雄厚的资本。但从现实来看，万达的电商发展之路并不平坦。

组建“腾百万”，上演电商版三英战吕布

2014 年 8 月 30 日，万达联手百度、腾讯共同宣布，三方合资成立飞凡电子商务有限公司，三家公司对万达电商的首期投资额高达 50 亿元人民币，其中，万达集团持股 70%，百度、腾讯分别持 15% 的股权。当时，王健林表示，50 亿元是三方出钱的第一批投资，5 年内总投资要接近 200 亿元，并且“万达

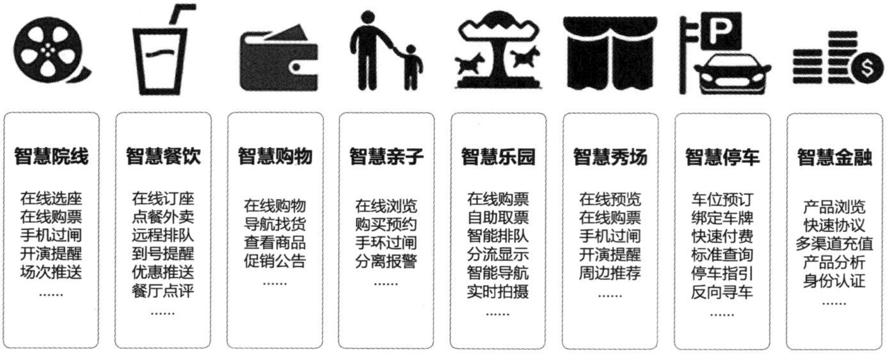

图 9-2　飞凡网一期上线产品

电商一定不是卖商品，而是卖服务”。按照当时的规划，三方将联手打造线上、线下一体化的账号及会员体系，建立国内最大的通用积分联盟及平台，共同打造线上线下一体化的用户体验。

此前，百度、腾讯、阿里巴巴这三大互联网巨头维持着相互之间基本不合作的格局，此次百度、腾讯破例合作也可以看出两家巨头对万达的看好。

在业界人士看来，李彦宏、马化腾两位互联网大佬的同台亮相，是对王健林所构想的电商大计的支持，由此也有了电商版“三英战吕布”的说法，这里的“吕布”当然指的就是马云。

王健林对新项目的期待不可谓不高，下的决心也不可谓不大：“腾讯 + 百度 + 万达”的组合，“线上 + 线下”的航空母舰，的确实力惊人：腾讯有深厚的用户社交关系链积累，百度有庞大的流量入口来源，万达有线下商业地产的全国性布局，实力看上去的确无可匹敌。王健林还曾在公共场合开玩笑：“有人给我们取名字，叫我们腾百万，更可恨的是还起了一个名字，叫玩淘宝。你认为我们会是玩淘宝的吗？”马云则以梁山 108 将只以兄弟为大而没有共同愿景为例子，调侃“腾百万”：“我觉得你们三家有点像凑拢班子。健林需要完全彻底的改革，进行转型，我深刻理解。另外两个兄弟觉得，反正也不是我出钱，我出一点点钱，有人去搞阿里，我觉得很高兴。”

实力雄厚，未来的发展方向也一致，三大巨头在账号体系、会员体系、大数据融合等方面展开深入的合作，打造“互联网＋实体商业”的全方位互联网平台，基于此，“腾百万”联盟成形的7个月后，飞凡网应运而生。从试运营开始，飞凡网便备受瞩目。

2015年6月，万达电商第二任CEO董策宣布离职。对于离职原因，董策的内部信件表示是“家人生病，不得不回澳洲照顾”。

董策离职后，该岗位出现近8个月的空窗。直到2016年2月，原芒果网CEO李进岭上任万达电商CEO。李进岭曾先后在宝洁、摩托罗拉、百事可乐、艺龙旅行网等公司任职，有丰富的传统行业管理经验。

李进岭上任后，飞凡网的状况也发生了变化。除线上线下融合的电商模式外，还与北京、上海、广州、深圳等30个城市开展了智慧城市、生活服务等业务合作。

但任职不到一年，李进岭又正式离职。万达电商CEO职位由万达网络集团副总裁徐辉接管。对于李进岭的离职原因，业内人士分析主要是因为“不懂零售”。

CEO频繁更替，万达的电商之路并不平坦。这一方面是因为这些CEO在王健林看来的确不是合适的万达电商掌舵人，另一方面也是因为万达入场时间太晚，电商行业已建立起较高的行业壁垒，在品牌认知、基础建设等方面，万达很难追赶当前的电商企业。

如果飞凡网运营顺利，王健林的电商梦自然不难实现。但现实总是残酷的，李进岭担任万达电商CEO期间，飞凡网虽然发展良好，但并没有达到王健林的期望。三大豪门联手打造的飞凡网在第一期50亿元资金烧光后也并未在电商领域取得理想的成绩，在新一轮资金注入前，腾讯、百度便纷纷撤出，“腾百万”的电商美梦就此折戟沉沙，飞凡网也开始转型。

三英战吕布，结果是吕布仓皇而逃，而“腾百万”组合对打马云，却是马云笑到了最后。论资源、流量、财力、积累，三家在各自领域无疑都是最强者，但强强联合却并未达到“1+1+1>3”的化学反应。“腾百万”联盟最终为何会走向失败？其原因不外乎以下几点：

一、万达“独角戏”，百度、腾讯难以全力投入

“腾百万”虽说是三强联合，但真正起主导作用的还是万达。

从股权结构上看，万达持股70%，腾讯、百度各持股15%。这样的持股比例对百度、腾讯这个级别的企业来说当然不会全力投入，对于这两家公司来说，这更像是一笔投资而非是为自己做电商平台。能做起来当然受益，但万一做不起来，损失也不是不能接受，所以缺乏破釜沉舟的决心。另外，飞凡在大量消耗腾百万投入的原始资金的同时，并没有在与腾讯、百度的打通与融合方面做出足够成绩，这是压倒腾百万散伙的最后一根稻草。三巨头产品、平台之间的深度对接显然不够。

二、腾讯、百度、万达都没有电商基因，平地起步难度太大

“腾百万”三家，腾讯借社交关系链沉淀最深的用户信息，百度有搜索入口流量之威势，万达有全国规模最大的实体商业资源，都是各自领域的领跑者，但恰恰都没有优良的电商基因。腾讯B2C平台QQ网购和C2C平台拍拍网早已卖身京东，而后者已被彻底关闭。百度从2008年开始做电商，从有啊关张到乐酷天撤资，再到爱乐活转型，再到最新的电商平台“百度MALL”，其电商之路走得也不平坦，并没有取得特别好的成绩。万达更不必说，作为地产行业的龙头，万达的电商之路走得更加坎坷。反观阿里巴巴，正是靠电商起家，十多年的发展，已然成为电商“巨无霸”，想要战而胜之，的确存有很大难度。

三、电商模式已经趋于稳定，用户习惯也已养成

目前这个阶段，电商行业无论在业务模式还是市场参与者上，都处在一个相对稳定的状态。阿里巴巴、京东两大巨头占据了绝对的市场份额，唯品会、当当、1 号店、聚美优品、苏宁易购、亚马逊中国等紧随其后，在垂直领域占据着相对稳定的市场比重。

在业务模式上，阿里巴巴的 C2C 模式、京东的自营模式、唯品会和聚美的闪购模式都已成型，从零做起的“腾百万”，需要寻找差异化模式，这无疑是困难重重。退一步讲，即便“腾百万”能够找到差异化模式，用户也已经不再像十几年前那样，对电商还抱有新鲜感，他们已经习惯了在现有电商平台上购物，想要吸引他们转移到飞凡网上，需要的成本是巨大的，“腾百万”的 50 亿元虽然不是一个小数目，但真要拉动用户，还远远不够。

王健林再次踏上电商路，独自运营“飞凡”

“腾百万”联盟宣告失败后，互联网上各种信息铺天盖地袭来。而在“腾百万”合作中的主导企业万达飞凡更是沦为被攻击的焦点。其中主要攻击观点表明，万达电商的发展方向错误，50 亿试错血本无归，万达电商已死。这样的一边倒唱衰言论的背后，存在的不理性因素显而易见，其中的不少论断都经不起推敲。比如，腾讯、百度退出难道就等于飞凡“黄了”？飞凡转变为“实体 + 互联网”战略就是失败的模式？飞凡试错以及调整业务方向的过程就是不被业界看好的瞎折腾？……

分析这些断章取义的观点，其根本原因都在于对万达飞凡缺乏真正的了解，也弄不清楚王健林的真正想法。

最近几年来，实体店遭遇巨大冲击，关店潮一波紧接一波，大批商场为此愁眉不展。另外，传统电商在经历了一段高速的发展后，也遇到了“瓶颈”，从每一年“双 11”“双 12”网购狂欢节的交易情况来看，无论是 B2C 还是 C2C 平台，表面上看似风光无限，实则危机四伏，比如物流环节的爆仓现象，让众多快递企业叫苦不迭，也让电商形象遭受不同程度的打击。

线上与线下似乎都出现了困难。但真正的规律是，虽然线上平台作为流量入口，吸引到了许多消费者的光顾，但人们最终将逐步从线上世界走进线下的真实世界，线下零售市场蛋糕比线上要大得多，这也是马云为什么高度重视线下的主要原因。

像王健林、马云这样有战略眼光的企业家都明白，在目前这个商业时代，不是狠抓线下或线上，而是要搭建第三方大平台，在消费者大数据上进行深入掘金。

所以，在“腾百万”失败后，王健林再次踏上电商路，独自运营“飞凡”，而且为飞凡平台的发展制定了长远的发展战略。飞凡不是实体商业转型的初级形态，不只是 O2O，也不仅仅是传统电商的发展套路。

来看飞凡官网上的“自我介绍”：

飞凡是“实体商业＋互联网”场景服务运营商，以实体商业经营和消费者需求为出发点，整合最具价值的互联网技术和资源，为实体商业的经营者、商家和消费者搭建一个全方位的互联网开放平台。通过全新的线上线下结合的营销方式，飞凡为购物中心搭建 Wi-Fi、Beacon 等信息化基础设施建设，以及停车、找店、排队、电影等服务，增强消费者线下购物体验。同时，还会向购物中心开放共享会员、积分、大数据，以及飞凡更多的互联网资源，以更广阔的互联网发展平台，激活会员活跃度和线下消费力。

2015 年 8 月，在“腾百万”合作的“周年”之日，王健林又针对飞凡未来发展进行了变革。2016 年 7 月，万达将过去 3.0 版本的“四大支柱”（商业地产、高级酒店、文化旅游和连锁百货）转变为 4.0 版本（万达商业、文化产业、金融产业、电子商务）。万达金融体系的出现成为目前飞凡发展建设的最强核心。通过飞凡串联起实体商业吃喝玩乐购的各个消费场景，利用大数据服务于线下购物中心的营销，以此为基础，将逐步实现飞凡体系与万达金融体系的打通，飞凡成为万达金融帝国的钥匙。

事实上，在万达金融体系成立后，作为万达集团倾力打造的网络科技品牌，即便是单枪匹马，单靠线下的万达广场、万达影城等一系列实体品牌、实体商场及供应链资源，万达飞凡也已拥有自己得天独厚的优势。数据显示，2016 年 4 月底，飞凡会员总量已达 1.1 亿人，其中活跃会员达近 2100 万人，飞凡 APP 下载量超过 1000 万次。

在腾讯、百度退出万达电商后，飞凡的投资主体变更为上海万达网络金融服务有限公司，万达电商从此就插上了金融的翅膀，开始掘金万亿市场规模的个人消费金融领域。

当然，光找到合适的发展路径还不行，也必须要抓住时机，毕竟时间就是金钱，效率就是生命。

在 2016 年的“6 · 18”节日营销大战中，飞凡商业联盟内超过 3000 家实体成员携手与电商“大鳄”对战，展开了全国规模最大、线上线下同步的营销活动，收获 5 亿客流、120 亿元的销售额，活动期间，飞凡 APP 访问量达 10.48 亿次，订单笔数 1078 万单。

可以说，飞凡所开创的商业消费新模式，打造的集品质与便捷于一体的场景化体验式消费模式，有其精妙之处，核心竞争力正在逐渐凸显。

而且，消费者不是为了打折才购物的，是因为东西好才需要更实惠的促销。除了万达飞凡，阿里与银泰的合作、京东在生鲜行业的拓展也都表明，“实体 + 互联网”依然是一条能走得通且走得远的商业发展之路。因此，在它们中，有国内最庞大商业实体做靠山的万达，在找准合适的发展之路后，其兴起的速度或许会令整个电商领域再次震惊。

的确，王健林对万达电商依然抱有很大的野心。2017 年 1 月 14 日，在万达集团年会上，王健林宣布，旗下电商平台“飞凡”计划于 2017 年进行首轮私募，募资金额为 100 亿元。王健林同时表示，飞凡将力争在 2018 年实现盈利，到 2020 年，利润要超百亿元。同时，要在 2020 年实现上市！由此不难看出，万达的电商之路还远未到结束，甚至，才只是一个开始而已。

“飞凡”失败，“丙晟”成立

理想很丰满，现实很骨感。王健林的电商之路走得非常坎坷。到 2017 年底，飞凡并没有实现年初的目标，而且差得很远，营业额目标从 9 亿元调整到 1 亿元。同时，还传出了飞凡大规模裁员的消息。

2017 年 12 月 19 日，就有媒体爆料飞凡裁员 70%，其实裁员的消息早在 10 月就已经传了出来，只不过 12 月才开始实施。

据称，飞凡裁员的流程是：首先是尚在试用期的员工一律不得转正，直接走人。其次，历史审计有问题的员工，比如去年“双 11”有刷单行为的也开除。最后，年终考核被评定为 B 的也离职，而万达考核分为 A、B、C、D，也就是说只有少部分员工保留，绝大部分都被裁掉。

对于裁员的消息，万达做出回应，声称飞凡公司裁员是公司决定围绕核心内容优化人员结构，聚焦专注的数字化业务，裁员 70% 的员工的说法并不靠谱。

万达的回应并没有平息风波，反而在 12 月 28 日传出更劲爆的消息，飞凡从当天开始大规模裁员，要从目前的 6000 名员工裁至 300 名，即只保留职能部门，这意味着飞凡人员将从最高峰削减 95%。

大规模裁员，意味着飞凡的失败。虽然王健林很不愿意，也很不甘心，但他不得不接受万达在电商领域折戟的事实。

飞凡的失败主要有以下三方面的原因。

一、定位模糊，不停地变化

刚开始，王健林希望能够通过飞凡链接商户，甚至充当商户的 POS 机；后来，飞凡又开始与互联网金融挂钩，并与万达的传统金融业务相融合；再后来，他们又说自己要做像美团那样的“逛街指南”。定位的不断变化，让飞凡很难集中一个方向突破，最终一事无成。

在万达 2017 年年会上，王健林表示，飞凡的战略方向有偏差，所以没有做出成绩，如果“从一开始就只为万达广场、旅游度假区做研发，可能早就整出名堂了”。

一个已经运作 5 年的项目，到现在还在纠正战略方向，这要是能够成功才是怪事呢。可以说，定位模糊，是飞凡失败的重要原因。

二、管理上存在弊端

飞凡公司的管理上存在很大的弊端，数据造假现象严重。万达实行的是半军事化管理，工作计划必须完成，如果不能完成，那只有一条路——辞职走人。要知道，任何项目的推进，都会遇到各种问题和困难，出现各种意外，在这种情况下，为了完成计划，为了业绩，飞凡的员工出现了数据造假的情况。

王健林为什么对飞凡信心十足，在 2017 年初提出飞凡 2018 年实现盈利，并于 2020 年上市的目标，就是因为他听了下属汇报的“注水报告”。下属的工作报告里说飞凡的活跃用户达到 1.5 亿人，飞凡通会员 8284 万人。但实际上，用户数据被严重夸大了。有万达员工曾表示，很多用户其实就是一个手机号码。

对于用户数据造假的情况，王健林也有所觉察，他曾在公司内部说："我每次见到曲德君（飞凡总裁）都叮嘱这个事，你谁都可以忽悠，你别忽悠我。"然而，在巨大的工作压力面前，万达的员工还是选择了隐瞒老板。

三、缺乏互联网基因

万达是一家房地产公司，属于传统行业。而电商属于互联网行业，其经营思维和模式与传统行业有很大的区别，甚至是完全相反。所以，一家企业在传统行业越成功，那么在互联网行业的阻力就越大。

万达公司在管理的过程中，最强调的是"向上汇报"，要先把计划做好了、向上汇报了、上面批准了才能行动。而互联网市场的情况变化很快，所以互联网公司几乎都以"快"为主。像万达这种情况，等到上级领导批示下来的时候，往往就错过了机会。

互联网公司的员工需要发散思维，需要灵活，需要创新，而万达的半军事化管理强调的是执行和服从，这是完全相反的两种要求和模式，所以，飞凡骨子里就缺乏互联网基因，想要在电商领域有所成就很难。

万达引以为傲的强大而刻板的执行力，成了飞凡腾飞的最大的阻力。

王健林是一个不会轻易服输的人。虽然飞凡失败了，但他的电商之路不会止步。2018 年 5 月，万达联合腾讯、高灯成立了一家名叫"丙晟"的合资网络科技公司，全力打造线上线下融合新消费模式。万达飞凡的业务融入了"丙晟"。

新公司"丙晟"共投资 46 亿元，其中万达占股 51%，腾讯占股 42.48%，高灯占股 6.52%。"丙晟"的董事长由万达高管齐界担任，CEO 由高灯的 CEO 高峡担任。

这次，执着的王健林又在电商领域开始发力了。只不过，既想做电商又不愿拥抱互联网的开放，王健林成功的概率会有多大呢？

第 10 章

遭遇负债危机，谋求东山再起

人生有高峰，就会有低谷，经商也是如此。一路高歌猛进的王健林，从 2017 年开始麻烦不断，进入多事之秋。

为了还债，王健林开启了“卖卖卖”模式，大量抛售资产，收缩战线，回笼资金。经过近两年时间的运作和经营，王健林慢慢地恢复了元气，从 2019 年开始再次布局投资。

作为曾经的首富和最成功的企业家之一，他有足够的底气和韧劲谋求东山再起，重铸辉煌。

万达开启“卖卖卖”模式

王健林带领万达一路发展得顺风顺水，可是到了2017年，却遇到了很大的困难。至此，王健林从“买买买”模式转换成“卖卖卖”模式，瘦身、变现、收缩、退出……成了万达的关键词。

王健林的困境起源于2017年6月的一则传闻。据媒体报道，银监会要求各家银行排查包括万达、海航、复星等在内的数家企业的授信及风险分析，排查对象主要是近年来大量在海外进行投资，在银行敞口较大的民营企业集团。而万达则是这类企业的典型。

消息传出后，首先是证券市场做出了反应。2017年6月22日，万达、复星遭遇了“股债双杀”。万达电影当日收盘逼近跌停，市值缩水超60亿元。

此后，市场上几度传出万达资金链濒临断裂的传闻。而王健林不断地甩卖资产，也让这些传闻真实了几分。

2017年7月，王健林出售13个文旅项目给融创中国的孙宏斌，套现438.44亿元，出售77家酒店给富力集团，套现199.06亿元。这次王健林共回笼资金637.5亿元。

值得一提的是，这 13 个文旅项目的转让总价还不及万达当初开发 1 个文旅项目的投入，可见孙宏斌这次捡到了宝。而对于王健林来说，无异于被迫贱卖资产。

对于文旅项目，王健林和孙宏斌都非常看好，但为了解决资金问题，王健林只能忍痛割爱。

孙宏斌曾经说过，文化是诗，旅游就是远方，我们投资的是诗和远方。在他看来，“房地产发展平稳时期，房地产企业做什么呢？就是投资消费，投资美好生活。而美好生活是什么？就是文化、娱乐、旅游、休闲、体育，这些玩的，还有就是教育、健康、养老……”

王健林虽然出售了文旅项目，但仍恋恋不舍，在签合同的时候，只转售了 13 个文旅项目 91% 的股权，保留了 9% 的股权。保留股权的主要业务是文旅项目的设计、建设和管理。后来，王健林又改变了主意，经过协商，把保留的股权以 62.81 亿元的金额卖给了孙宏斌。至此，孙宏斌才完全持有万达文旅的股权，然后融入融创文旅集团。

同时，王健林先后出售了柳南、枣庄、盐城等 9 座万达广场。

2018 年 1 月，王健林把万达商业 14% 的股份卖给了由腾讯、京东、苏宁、融创等联合组成的财团，售卖价格为 340 亿元。此后，万达商业改名为万达商管。

万达商业是万达旗下的核心企业，是全球规模最大的实体商业巨头，截至 2017 年底，持有已开业商业面积 3151 万平方米，在中国开业万达广场 235 个。

王健林出售万达商业的股份，一是为了引入新的战略投资者，去房地产化，推动万达商管尽快上市；二是套现，减轻万达的债务压力。

2018 年 2 月，王健林把万达电影 12.77% 的股权卖给了阿里巴巴和文投控股，售价为 78 亿元。其中，阿里巴巴出资 46.8 亿元、文投控股出资 31.2 亿元，分别成为万达电影的第二、第三大股东。

王健林出售万达电影的主要目的还是回笼资金，当然，引入具有战略价值的股东，也对万达电影有好处。

2018 年 12 月，王健林出售了万达持有的 8.98% 百年人寿股份，售价为 27.18 亿元。百年人寿是万达唯一的一张保险牌照。

2019 年 2 月 12 日，王健林把万达百货旗下所有 37 家门店卖给了苏宁易购。双方没有透露交易的具体价格，估计不会超过 80 亿元。

在大量出售国内资产的同时，王健林也在清空国外资产。他先出售了万达体育旗下的海外资产——马德里竞技足球俱乐部 17% 的股权，随后又出售了英国、澳大利亚、美国、西班牙等多处海外资产。

经过一系列的操作之后，万达的负债规模大幅缩小，压力急剧减轻。

王健林也是一个果决之人，面对债务危机，对自己辛辛苦苦建立的商业帝国说动手就动手，大刀阔斧，毫不拖泥带水。

万达战略转型，去房地产化

王健林大量甩卖资产，主要目的是回笼资金，应对债务危机，但同时也是为了推动万达战略转型，达到去地产化的目的。

大家都知道，王健林是靠房地产发展起来的，万达的核心业务也是房地产。但是，随着社会经济的发展，中国的房地产黄金时期已经过去，战略转型，去地产化，寻找新的业务增长点成为王健林的核心任务。房地产龙头企业之一——万科就曾喊出“活下去”的口号。

万达在发展过程中已经有过三次转型：第一次是跨区域发展，从大连做到全国；第二次是从住宅房地产转向商业地产；第三次是向文化旅游转型。而这一次，也就是第四次转型，主要是去房地产化，从建造向服务转型，也就是转向轻资产运营。

其实，早在 2015 年王健林就提出了“轻资产”转型战略，为万达瘦身。他表示，转型不是发展得不好，也不是没有发展空间，而是要扩大竞争优势，发展中小城市，产生边际效益。他当时的目标是，万达商业 2020 年以后原则上不再搞重资产，全部为轻资产。

2019 年 1 月 12 日，在万达集团 2018 年年会上，王健林讲述了万达为什么要去房地产化。

王健林认为，房地产行业有两个比较大的缺陷：强周期性和现金流不长远。

强周期性。房地产往往是好几年差几年。在这种周期变化中，很多企业难以适应，最终死掉。大型企业似乎可以通过开发比较多的项目来熨平周期，但这只能起到一定的作用，无法完全摆脱周期。

现金流不长远。“房子不是快销品，即使比起汽车这样的耐用消费品，更新速度也慢得多。买多套房的人基本都是为了投资，真正自己居住，更新换代是很慢的，很多人买一套房子住一辈子，甚至传承几代人。一个国家城市化率达到 70%左右，房地产市场就会萎缩。”

王健林声称，正是基于以上这两点原因，万达一定要坚决转型，发展拥有长期稳定现金流、有科技含量的产业。

当然，对于转型的困难，王健林有充分的准备。他知道，“任何行业转型都不容易，转型是极其痛苦、需要长时间才能完成的过程”。

经过几年的转型，万达已经取得了一定成效。这主要体现在服务业的收入占比有所提高，2018 年万达服务业的收入占比达 75.1%，而房地产在其中的收入只有 24.9%。

对此，王健林表示，其实现在说万达转型已经成功也不算为过，因为万达收入结构已经改变，主要收入来源已经不是房地产。而且，万达还在转型的过程中，最终完成目标是 2020 年，万达还有一年多的转型时间。

曾经的首富，身价大幅缩水

王健林甩卖资产，回笼资金，同时促使公司转型。在这个过程中，万达损失不小，王健林的身价大幅缩水。

2019 年福布斯中国富豪榜出炉，其中最引人瞩目的就是王健林的财富变化。2018 年王健林位于富豪榜的第四位，身价 1566.3 亿元，而 2019 年则跌落到了第 14 位，身价只有 883.9 亿元，相比 1 年减少了 682.4 亿元。

2020 年 2 月 26 日，胡润研究院发布了“2020 胡润全球富豪榜”。在这个榜单上，王健林身价有所回升，达到 1190 亿元人民币，排在中国富豪榜的第 14 位。

王健林第一次问鼎首富是在 2013 年。当年福布斯中国富豪榜公布，王健林以净资产 860 亿元人民币成为中国首富。

2015 年至 2017 年王健林连续 3 年成为福布斯中国富豪榜的第一名，甚至超过李嘉诚成为亚洲首富。

在胡润百富榜上，王健林也是多次排名第一。2015 年，王健林的财富达到顶峰，以 2600 亿元人民币的身价成为全球华人首富。

其实，对于王健林而言，首富是光环和荣耀，也是巨大的压力。从首富的位置上下来，身价大幅缩水，未必不是好事情。虽然资产数量少了，但是质量高了，不再是虚的，而是实实在在的财富。

现在，万达拥有四大主要业务，分别是商管集团、文化集团、地产集团、投资集团。

万达商管是王健林最重要，也是最核心的资产，是万达的现金奶牛。只要这一部分资产不出问题，王健林的根基就很稳。万达商管的核心就是万达广场，截至 2018 年，万达拥有 280 座万达广场，持有物业面积 3586 万平方米，年客流 38 亿人次。万达商管创造连续 13 年租金收缴率超过 99.5% 的世界行业纪录。2018 年万达商管的营收达到了 376.5 亿元，也就是说，王健林每天从万达广场收的租金就能达到 1 亿元，坐着不动就能一天实现“小目标”。

万达文化是王健林发力的重点，是万达新的支柱产业，2018 年的营收为 692 亿元。万达文化主要包括影视集团、体育集团、宝贝王集团、文旅集团、大健康产业公司等。特别是文旅业务，王健林仍然念念不忘，虽然卖了不少文旅资产，但缓过劲来之后，投资的重点还是文旅。

万达地产虽然有不错的营收，但在王健林的整体战略里面属于被边缘化的业务。万达未来要完全转型为轻资产运营的服务管理型公司。

万达投资拥有投资、网络小贷、私募基金等业务，主要是通过普惠金融来支持实体经济和社会民生。

由以上万达的四大业务可以看出，王健林虽然财富大幅缩水，但其根本还在，只要运营得当，未来还有成为首富的可能。

积极推动万达各业务板块上市

对于企业来说，上市有很多好处，一是可以融资，解决企业的资金需求；

二是可以提升企业的公信力和影响力，增强投资者和消费者的信心，有利于促进企业发展。

万达急需资金，所以，王健林极力推动万达的各业务板块上市。截至2019年10月，万达四大板块中已经有3家公司上市，分别是A股的万达电影、港股的万达酒店发展以及美股的万达体育。

然而，万达这3家上市公司的情况并不乐观，与王健林的预期相差较远。2019年上半年，万达电影归属股东的净利润下跌六成，万达酒店发展的净利下降90%，股价相比年初低了近三成。

特别是被王健林寄予厚望的万达体育，上市后的表现更是糟糕。

2019年7月26日，万达体育在美国纳斯达克上市，股票的发行价格并不高，只有8美元。在上市当天，万达体育的股价就出现了暴跌，收盘时价格为5.16美元，跌幅达到了35.5%，市值为7.2亿美元，较发行价缩水4.08亿美元。

随后半个多月，万达体育一直处于下跌之中，8月16日，股价收于3.58美元，从发行价算起，跌幅达到55%。8月中下旬，万达体育的股价出现了短暂的一波反弹，但随后又是长时间的下跌。

11月18日，万达体育的股价再次暴跌，收盘价为2.78美元，跌幅为14.2%。相较于8美元的发行价，短短不到4个月的时间，万达体育的股价已经跌去了64%左右，市值也蒸发了约50亿元人民币。这次暴跌的原因在于万达体育的第三季度财报很不好，营收为2.67亿美元，但亏损达到了3400万美元，同比扩大了138%。而且，过高的负债率，也让投资者对万达体育充满担心，稍有风吹草动，大家都是看谁跑得快，大量抛售股票。

在万达体育上，王健林投入了大量资金，然而收获却是很少。

除了上面所讲的3家公司，王健林还有万达商管（以前的万达商业）没有上市。为了让万达商管上市，王健林费尽了心力。

2014年12月，万达商业在港交所上市，资产包括万达广场、万达酒店、住宅，以及部分文旅城项目。

2015 年 A 股市场非常火爆，当时 A 股上市的房地产企业市盈率一般为十几倍，而在香港上市的万达商业的市盈率只有 4 倍。所以，王健林认为万达商业被严重低估了，如果万达商业在 A 股上市，市值最少要翻两三倍。于是，万达商业私有化之后，从香港退市，打算到 A 股上市。

从香港退市的时候，王健林与投资者签了一个对赌协议。正常来说，对赌协议是“估值调整协议”，是企业融资协议中的补充条款。当企业到达一定的规模，基于未来不同的发展情况，投资方和融资方会用这种协议来约定企业的控制权或者收益权的归属问题。也就是说，作为融资方的万达，如果能够在未来约定的时间内完成上市，那么，投资方会给万达的管理层一定的奖励。如果万达没有完成约定的上市计划，那么，万达将会给予投资方一定的补偿。具体的补偿，都会列在协议中。这种对赌协议，具有激励和保护双重职能。

王健林所签的对赌协议约定，万达商业必须于 2018 年 8 月 31 日前在 A 股上市，如果不能按时上市，将要回购投资者所持有的股份，总金额高达 400 亿港元。同时，还要向海外及境内投资者分别支付 12% 和 10% 的利息。

经过一系列的运作之后，2016 年 9 月 20 日，万达商业正式从香港股市退市。

然而，王健林的运气有点背，此时 A 股上市的审核比以前严格了不少，特别是在房地产调控的大势下，包含地产业务的公司很难上市。很多企业都在排队等候 IPO 审核。再加上从 2017 年开始的债务危机，导致万达商业的上市计划一再延后。

眼看着承诺的上市时间就要到了，万达商业的上市却遥遥无期，于是，王健林 2018 年 1 月为万达商业引入了新的战略投资者。这些战略投资者包括腾讯、京东、苏宁、融创等，它们组建的财团购买了万达对赌协议中需要回购的股份，大约 14%，总金额为 340 亿元人民币。

此后，万达商业更名为万达商管，上市日期往后推迟了 5 年，即 2023 年

12 月 31 日前完成上市。万达集团随后表示，万达商管将不再进行房地产开发，只是纯粹地进行商业管理运营，而且要在 1~2 年内消化现有的房地产业务。王健林在万达 2018 年业绩报告会上也说，为了资本市场的需要，2019 年将彻底把商业管理和地产业务剥离。

王健林对于万达商管上市充满信心，他说："是金子总会发光，好饭就不怕晚。"

然而，现实总是很残酷的。2020 年 3 月 6 日，中国证监会更新 IPO 企业信息情况表后，万达商管申请状态变为了"中止审查"。随后传出消息称，由于遭到举报，万达商管 IPO 被中止。由此可见，王健林想推动万达商管上市，仍然困难重重。

频繁投资，谋求东山再起

经过两年时间的运作，万达债务大幅减少，战略转型也取得了一定的成效，王健林终于缓过劲儿来，开始谋求东山再起，频繁投资。

王健林绝对是一个不轻易服输的人，当危机缓解之后，他又开始寻找机会。虽然过去的两年内王健林甩卖了大量的资产，损失很大，但万达的根基还很牢固，核心竞争力没有减弱，只要抓好机会，还是能够再造辉煌的。

2019 年 1 月，万达在上海、广州等地进行投资，总额约 110 亿元。

2019 年 4 月，王健林在甘肃投资大会上表示，未来三年万达将在甘肃投入资金 450 亿元，具体包括 1 个超大型文化旅游项目、5 个万达广场、3 个五星级酒店。

王健林在甘肃投入大笔资金，主要是看中了“一带一路”带来的机会。他表示，甘肃历史悠久、文化厚重，“一带一路”使甘肃从中国边远省份变成中国改革开放的重要节点和门户省份，这使甘肃成为海内外企业新的投资热土。到甘肃投资，就是抓住“一带一路”的历史机遇，为企业发展带来了更加广阔的空间。

同月，延安万达城启动，投资总额 120 亿元。这是一个集爱国主义教育、民俗文化体验、旅游休闲度假于一体的红色文化旅游超大型综合项目，对延安的经济发展有一定的带动作用。

2019 年 5 月，万达与沈阳市政府签订战略合作协议，万达将在已经投资 250 亿元的基础上，再追加 800 亿元投资，主要投资项目为大型文旅、医院、学校和万达广场。

其实，早在 2018 年年会上，王健林就决定响应国家“振兴东北”的号召，回到万达梦想的发源地和腾飞的起点，携手沈阳一起前行。

在签约仪式上，王健林表示，“沈阳经济已从谷底回升，呈现出良好的发展态势。特别是沈阳市提出积极建设国家中心城市，创造了更好的发展机遇。看好沈阳的未来发展”。

2019 年 6 月，万达与四川省政府续签战略合作协议，将在已经完成投资 1600 亿元的基础上，再追加投资 1100 亿元，主要包括建设 3 个大型文化旅游项目、顶级国际医院和 20 个万达广场等。

预计这些项目建成之后，将给四川带来 10 万多个就业岗位，大幅提升四川的现代服务业水平，促进四川高质量发展。

四川省是王健林的家乡，无论是从个人感情来说，还是未来发展潜力来说，他都很青睐四川。他在续约仪式上说：“万达企业的优质资源和重大创新型项目都首选在四川，四川已成为万达在全国投资最多的省份。作为一名川籍企业家，我对家乡可以说‘够意思了’。”

2019年7月，万达与陕西省政府签订协议，双方将在体育、文旅等六个方面深化合作。王健林表示，要在陕西省继续投资20个万达广场，同时还要把万达体育集团中国总部落在西安。8月，万达又与长春市政府签订协议，决定投资1000亿元的影视文旅项目。

从“卖卖卖”到“买买买”，王健林走过了一个轮回。商业经营就是如此，有高峰，就会有低谷，重要的是能够不骄不躁，把握好国家发展的大节奏，存活更长的时间，创造更多的商业奇迹。

PART 3

境界：企业最高追求是文化，人最高追求是精神

人的追求有这么几个层面，从温饱到小康、到富裕、到成就，最后到精神追求。所以很多大政治家、大企业家、大科学家到最后就是大智若愚，是精神追求。企业经营也一样，最高层面的东西是经营文化。

——王健林

第 11 章

管理智慧：把制度当作产品，执行力就是一切

十多年的军旅生涯，造就了王健林豪迈坚毅、雷厉风行的军人性格，其管理风格也以军事化著称，但如果只是以军事化来概括，显然是小看了王健林的管理智慧。

人就是事业，做企业人是关键

在现代企业管理中，找到并留下最优秀的人才是企业发展的硬道理，也是选拔、管理人才的一项基本原则，有了这项原则，就能让比较优秀的人才走到前台来，担任重要的角色。

万达成立以来，始终保持着持续的高速发展，除了其经营模式等方面的突出优势外，强大的人才队伍是支撑其发展的根本。

王健林十分重视人才的引进和管理，在《万达2014年下半年工作报告》中，王健林对此有过精彩的诠释："万达做商业地产是从住宅地产转型过来，刚开始就是找人，人找到了，事情才能做好；后来转型做文化旅游，也是先找人。现在万达从事金融产业，最重要的还是找人，不光找到人，还要找到合适的人。这就是我老讲的一句话，'人就是一切，人就是事业'。能否搞好金融产业，关键不是审批，不是资金，而是人才。"

事实上，这不是王健林第一次强调人才的问题，早在2009年万达集团的年会上，王健林就特别强调了万达当时最大的短板是人才问题。目前，随着万达的发展步伐迈向全球，会拖其后腿的首要因素已经不是钱，也不是资源，而是人，能否将万达的战略思想执行下去，执行到位，重点还是要看人才。王健林对内对外，一直反复强调这点。有一个广为流传的小故事，也很能体现王健林对人才的重视。初涉商业地产时，有一次，王健林去香港谈生意，认识了一位地产公司的副总，王健林非常欣赏对方，便邀请其加入万达，但对方不愿意去大连工作。在聊天过程中，王健林偶然得知此人喜欢豪车，尤其喜欢奔驰 S600。王健林当时不动声色，次日，这位副总的办公桌上就出现了一个精美的礼物盒，盒子里面是一把车钥匙——一辆崭新的奔驰 S600 就停在楼下的停车场里。于是，他再也没有理由拒绝。

虽然高度重视人才，但万达却始终保持着宁缺毋滥的招人原则。王健林认为，宁缺毋滥的原则，是对人的尊重。你选择了一个人，三个月他走了，这不仅伤害他个人，也伤害企业。一家企业绝对不能说这个人适合企业就留下，不适合就走，这种简单的用人方式是不可取的。企业要对人才负责，不仅要让人才今天适合企业，而且要通过企业的培养使他能够长期适合企业。只有这样，才能够对企业、对他本人有利，最终达到双赢。

在招聘的过程中，王健林要求万达人力资源部的成员注重面试的专业性，因此，万达面试官往往会向应聘者提出很多专业性的问题，甚至一些很精细的问题，以此辨别面试者的真实水平，如此，自然极大地提高了工作效率。比如，万达的招聘官在判断一个项目成本副总的工作能力时，会要求应聘者将自己当成成本第一负责人，将项目的全程操作一一说清楚，包括项目的体量、业态，精装程度，结算金额为多少，总包价是多少，甚至细节到精装时地板用了哪个牌子、哪个型号，价格多少，防火卷帘门是哪个牌子，价格多少。这样专业、精细的问题，自然能最大限度地鉴别出人才的专业能力，当然，这样做的前提是招聘者首先要具有深厚的业务知识做保障，而这也是万达人力资源部的一个特色——不仅要会招聘，更要精通业务。

我国的很多民营企业家往往舍不得花钱给自己的员工培训，总是害怕员工万一培训完了，工作一段时间会跳槽，这样自己的投资也就大部分打水漂了。但王健林却不是这样看的，万达每年对于员工的培训经费都高达上千万元，还出资 7 亿多元建成中国一流的万达学院，使万达的人才培训进入更高层次。用王健林的一句话总结，就是“让员工在万达涨工资、长本事、涨幸福指数”。万达之所以这样不遗余力地坚持做培训，首先，是因为王健林相信培训不仅可以使员工增值，而且会给企业带来巨大效益。另外，王健林认为不能因为个别员工培训后离职而因噎废食地不做培训。这就正如我们打开窗户的时候，有时会飞进来一两只苍蝇，但我们不能因为会飞进来苍蝇就不开窗户了，毕竟我们打开窗户的目的是保持空气的流通。更可贵的是，王健林认为自己有义务承担一定的社会责任，受过良好培训的这些人才即使以后离开了万达集团，他们对整个社会也是会有贡献的。

表 11-1　万达调薪制度

<table>
<tr><th colspan="2">分类</th><th>最低调薪间隔（月）</th><th>最高调薪幅度（%）</th><th>说明</th></tr>
<tr><td colspan="2">高管高职</td><td>6</td><td></td><td>年终晋级比例由集团董事长办公会确定</td></tr>
<tr><td rowspan="3">员工</td><td>提职调薪</td><td>6</td><td>50</td><td rowspan="3">1. 年终晋级比例由集团董事长办公会确定，晋级比例上限按编制内实际在岗人数计算；
2. 调整后仍低于地区相应岗位最低工资标准的可调至地区相应岗位最低标准；
3. 享受工龄工资的员工连续 4 年没有晋级，经所在公司班子成员讨论同意后，薪酬满 4 年可上调 1 级；
4. 各系统晋级比例 10%，在 7 月集中上级</td></tr>
<tr><td>平均调动</td><td>6</td><td>20</td></tr>
<tr><td>单纯调薪</td><td>12</td><td>20</td></tr>
</table>

不只是高度重视员工培训，万达在员工待遇方面，在中国企业中也绝对领先。王健林说：“万达每两年都会进行一次收入调查，根据调查结果进行工资调整，始终保证万达员工收入全国领先。万达针对收入相对较低的服务行业员

工，全国首家推出工龄工资制度，每工作一年，每月增加工龄工资 100 元，一年就是 1200 元。在万达工作满 10 年，每年仅工龄工资就有 1.2 万元，相当于普通员工年涨工资。万达高管不仅收入高，总经理以上高管还有股票期权。”

除培训上的高度重视和物质上的优渥待遇外，万达在人才管理上还体现了浓重的人文关怀。早在 2005 年前后，万达就已经开始向国外企业学习，对员工实行带薪休假制度，每季度休假四天；每年给员工做一次体检，免费为总部员工办健身卡。万达规定，要求所有基层公司自办员工食堂，一律不准外包，保证饮食质量和食品安全。万达推出了优秀员工度假制度，给予优秀员工及其家人报销两人往返机票，免费入住各地万达酒店度假。

招人、留人是万达人力资源部的强项，但考虑到现有的人才成长速度也可能赶不上公司的发展速度，会被末位淘汰，因此，万达也一直积极储备一些优秀人才，以备不时之需。储备时间短则三至六个月，长则需要半年到一年。储备人才经过一段时间的培训学习，会被配置到具体的岗位。当然，万达末位淘汰的概率极小，这主要在于万达发展的速度太快，诞生各种新的岗位，而且由于万达城市综合体业态的多样性，产业链相对比较长，可以为员工提供较多的选择和发展机会。

制度取胜，建立严格的管理制度

在国内房地产界，曾流传着这样一句话：“在万达，只有一个管理大脑，那就是王健林。”在万达内部，这句显得有些夸张的话，也得到了上下一致默契的认可，这里面或者有别的因素，但王健林在管理方面对万达的影响由此可见。

那么，王健林在管理方面有什么秘诀呢？答案很简单，那就是严格的管理制度。

万达管理制度的严格在业界其实是出了名的，不仅是在大的制度上严格，在小的细节上也都有数据化与量化的规范，以至于许多人将万达称作一家“奇葩”企业。奇葩到什么程度呢？举个小例子：如果有一名员工上班没有穿正装，不但这名员工，连其所在的部门领导也会被扣钱，每人 200 元，没有任何商量的余地。万达着装制度规定：

女生的裙子若在膝盖以上，裙边距离膝盖不得多于 10cm，并且腿上还要穿肉色或黑色的长筒丝袜。这还仅仅是万达着装要求的皮毛，万达还规定，如果是在春夏季节，各部室、各系统总部的男性员工要穿长袖浅色衬衣、深色西裤、深色皮鞋，可不系领带；各地分公司的男性员工则要穿浅色有袖衬衣（长短袖不限）、深色西裤、深色皮鞋，系领带；而女性员工要穿着浅色有袖衬衣、西裤、皮鞋，不得穿低胸衫、网眼丝袜和露趾鞋。如果在秋冬季节，男性员工要穿西装套装、深色皮鞋，系领带；女性则要穿深色套装、衬衣或毛衫、皮鞋。

上面这种着重要求的确严苛，但却可以给万达员工带来一种精气神。而且员工上班时无须为穿着打扮分心，自然工作效率也就更高。

另外，在很多公司，女员工们最烦的就是那些在室内吸烟的大烟鬼，但因为碍于面子，大多敢怒不敢言。但在万达，有这样一项规定：在办公区域内严禁吸烟，如有违反，对当事人罚款 500 元 / 次。这样的细节，一方面是为公司的安全考虑，另一方面对不吸烟的员工，尤其是女性员工，更是一种尊重与保护。

有人认为万达严苛的管理制度会制约员工的创新意识，但王健林对此却并不认同，他说：“思想是衣服包不住的，谁说艺术家就得穿成拖鞋 +T 恤那副模样，我让那些搞创作的人穿西装打领带，照样创作出了好作品，赢得了市场。

严格的组织纪律和制度并不约束创新，恰恰相反，正是依靠有系统性的组织和执行，才能保证创新的想法落地成为现实，否则那也只是点子、想法而已。”

王健林曾这样评价万达制度：“（万达）发展过程中形成招商、装修、开业、运营等十几本制度，都配有操作流程和图例。其中的开业手册，把商家进场直至开业的上百项工作都列出来，每周做什么工作、达到什么进度都规定清楚。比如什么时间商家装修达到什么程度，开业前什么时候检查水、电、煤气等等。从没经历过开业的员工，照着制度干就行。我们还要求所有制度上网，能在网上操作。总之，万达制度的最大特点是能用，好操作，所有制度为有用而设，不搞形式主义。”

王健林的话可谓一针见血。就拿万达商业地产投资制度来说，早在十几年前，万达就将投资中可能遇到的问题编成投资 100 问，之后又精练为商业地产投资 50 问，内容涵盖了土地、配套、地下、规划、税费等方面。每去一个地方发展项目，万达的执行团队都必须把这 50 个问题全部搞明白，而且 50 个问题是按顺序来，随便提到一个序号，你都要讲清内容，不能够含糊其词。而且，尤为重要的是，新人加入进来后，给他一本投资制度，他就能很快上手。

制度建设好了，关键还要看敢不敢较真，这就分出管理水平的高低。这一点万达做得很彻底，比如说奖惩制度。在万达工作过的人大多都有一个很深的体会，那就是万达奖惩制度非常严格：有奖有惩，界限分明。

为了激发员工的积极性，王健林在奖励方面从不吝啬。在万达，有些总经理的奖金比总裁和副总裁都要高，这在其他公司非常少见。当然，奖金再高，也是要通过努力才能获得的。而且奖励也有严格的等级，不同的优秀表现有不同的奖励，让员工每一次进步都有实质性的体现。

有奖自然有罚，在惩罚方面，王健林也从不手软。万达曾有一位分管招投标的副总裁因干涉电缆招标被开除。按照万达招投标制度，只有行业前几名的企业才有投标资格，但这位副总裁坚持让一家规模很小的企业中标。王健林称，

“尽管这位副总裁施加很大压力，但我们的成本部总经理、副总经理坚持原则，坚决不签字。后来成本部总经理向我报告这件事，我们马上启动内部调查，查实情况后把这位副总裁免职了。因为在万达，制度就是高压线，谁碰就一定受罚。”

在遵守制度上，王健林不仅严格要求，还以身作则。王健林自言，“我要求员工做到的，自己首先做到。论敬业，我每天 7 点多到公司，早来晚走，很少休息，是最勤奋的企业家。讲廉洁，招投标我从不干涉，在公司里没有我的任何亲戚，而且我对自己的亲属也严格要求，不允许亲属与公司做生意。讲用人，我不论亲疏，只看能力，员工在万达工作好就是最好的关系，提倡人际关系简单化。所以到现在为止，在公司里我敢说一句话：向我看齐”。

在严格制度的支撑下，万达就像一台设计精良的机器一样，尽管公司离职率很高，一些项目上的高管也更换频繁，但整个万达却始终能保持有序、高效地运作。

超强的执行力，完不成任务是一种耻辱

何谓执行力？执行力指的是贯彻战略意图、完成预定目标的操作能力。执行力是企业竞争力的核心，是把企业战略、规划转化为效益、成果的关键。

企业是一个组织，一个完整的集体，随之，企业的执行力也应该是一个系统、组织和团队的执行力。执行力是企业管理成败的关键。只要企业有好的管理模式、管理制度，好的带头人，充分调动全体员工的积极性，执行力就一定会得到最大的发挥，企业就一定能创造最大的利益。企业要实现“办一流企业、

出一流产品、创一流效益”的经营宗旨，解决管理中存在的问题，就必须在员工中打造一流的企业执行力。一家执行力强的企业，必然有一支高素质的员工队伍，而具有高素质员工队伍的企业，必定是充满希望的企业。

万达的成功，也离不开其超强的执行力，尤其是在商业地产这块。在万达人看来，完不成任务是一种耻辱。万达的商业地产，在全国有几百个项目，其中没有按时完成的只有昆明的一个项目，昆明公司的总经理也因此被开除。其他的项目不但都能按时完工，有很多甚至是提前了，还有的甚至创造了“不可能的神话”。

比如，北京石景山万达广场建立时，恰逢 2008 北京奥运会举行，不得不停工几个月。奥运会结束之后，到了秋冬季节，这个季节，因为气候因素，建筑项目进展往往较慢，有时甚至会无法动工，但石景山万达广场还是如期开业，一天都没有延迟，一名员工私下感慨：“这个项目的老总基本上累废掉了。”

再如，为了让武汉菱角湖万达广场准时开业，前一天夜里，5000 多人同时做保洁工作，这个执行场面堪称震撼。

……

像这样的例子，在万达的商业实战中比比皆是。

万达这种超强的执行力，得益于王健林的军人气质。王健林出身于部队家庭，从军生涯 17 年，养成了恪守纪律、执行力强、以身作则的性格理念。世界 500 强高管中超过 30% 毕业于西点军校，远胜哈佛、耶鲁等名校。王健林对自己军人出身也颇为自豪，并在很多场合拿西点军校和其他军人出身的企业家如柳传志、王石、任正非举例。因此，万达执行文化中呈现出诸如办法总比困难多、奖罚分明、没有不可能、绝对服从等军事特点。比如，在万达内部讨论目标，没人敢对老板说“肯定不行”。有一次，一位项目总经理在汇报项目时情绪很消极，被王健林狠骂了一通，“干不了。那我们讨论什么呢？你可以说，有困难，一二三四五。肯定不行，那就是你不行”。

超强执行力的背后还需要靠管理制度做保障。除上一节讲到的制度外，在保证执行力方面，万达在制度上还有三个突出特点："总部集权、垂直管理、内部审计。"

最明显的是总部集权。在商业地产发展的开荒期，这一点效果明显。当时，地产行业的项目总经理，权力很大，可以说是"将在外君命有所不受"。而万达项目的总经理，在总部集权的思路下，角色作用被很好地弱化，被轮换也是家常便饭。地方公司的管理者哪怕职位再高，也要坚决服从总部的指挥和调配，不能有拖沓和懈怠的情况发生，用王健林原话讲就是，"万达公司各地总经理、副总经理经常轮换，哪里需要就去哪里。不存在不服从，不服从就解雇。不然，大家都想在北京、上海了，那你公司怎么发展呢？"

再说垂直管理。万达的成本部门、财务系统、人力资源系统以及质量监督系统、安全系统都是总部垂直一条线。其设计出发点，是基于对任何单独人的不信任。比如说招标，所有行业里都有品牌库，且仅限 3 家。垂直后，人员满三年轮岗。各分部间形成既支持又有制约的关系。

万达的内部还有极强的审计制度，审计部门的成员要求是懂业务、有权威、保证不冲高压线。举例来说，审计文书就包括审计通报、整改通知书、管理建议书等。在这一套严控体系下，一旦有员工出现问题，将被严厉处罚，比如，万达某分公司的总经理、副总经理和销售经理，被查出贪污数百万元，最后被追究刑事责任，依法处理。

总部集权、垂直管理、内部审计，使整个万达成为一个力度极其聚焦的组织体系，为以王健林为核心的管理层实行经营战略战术提供了执行保障。

王健林曾说："万达制度设计的特点，一是制度的出发点就是不信任任何人，二是尽量能在制度设计上做足文章、减少漏洞，不给员工犯错的机会。"

试想，企业将管理制度做得滴水不漏，没有漏洞存在，员工的执行力能不高吗？

打造精英团队，不愁接班人问题

30 多年前，房地产行业对中国人来说还是一个陌生词，中国也没有什么著名的房地产企业家。那时，王健林、王石、潘石屹等人还在各自的岗位上默默耕耘。而 30 多年后的现在，这些房地产大佬已经是全国皆知了，他们领导的企业也不断地创造着商业神话。但随着时间的推移，这批企业家们大多已是年过半百，心力虽然一如往日，但“精力、体力”不可避免地在下滑，有些已不适合一线作战，有些也在一线待不了多长时间。在这种情况下，培养接班人就是迫在眉睫的问题。

对于接班人问题，王健林既不像宗庆后、刘永好那样，精心培养子女接班，也不像何享健专注培养一个情同父子的职业经理人做接班人。王健林对接班人问题持开放态度，他并不介意儿子王思聪能否成为第一接班人，他公开表态说：“万达有 4~5 名 40 岁左右的企业家，年轻有为，他们都是接班人的对象，当然我儿子也有可能。万达选择接班人的标准是能力，谁有能力谁接班，并不一定就是我的亲戚。”

的确，万达的接班人，候选者不仅有王思聪，还有一个阵容堪称豪华的职业经理人团队，其中任何一人都具有独当一面的能力。

据相关媒体报道，担任万达的总裁、副总裁的职业经理人超过 10 人，像万达集团总裁丁本锡、商业地产总裁齐界、文化集团总裁兼万达院线董事长张霖、集团高级副总裁王贵亚、文化集团高级副总裁胡章鸿、商业地产高级副总裁曲德君和副总裁陈平等人，就是其中的杰出代表。值得指出的是，在万达核心管理团队中，50后、60后、70后、80后均有，形成一个补位形年龄梯队。在这个庞大的职业经理人团队中，很多人进入万达已经超10年，历任多个职位，对万达的发展历程很了解。这些“老臣”不仅能力出众，更重要的是久经考验，忠心耿耿，一心奉献于企业。正因为有这些“老臣”，王健林才会对儿子是否能接班这件事看得很开，他还多次主张“子不如父，留之何用，子强如父，留之何用”。王健林是立志把万达打造成“百年企业”的，以其精心设计、缜密规划的制度建设，苦心经营的精神传承，这一天应该可以设想。而王健林也直言，立志百年的万达“可以没有我”。

王健林和万达其他高层长期以来，一直都非常重视职业化管理，企业的家族化色彩很淡，像万达商业地产、万达院线等集团主要组成板块，都是由职业经理人执掌，并取得了优异的成绩，这也证明了这些经理人的能力。

当然，万达这支职业经理人团队之所以能够倾尽所能，为万达付出十余载，关键在于王健林开放的管理智慧，尤其是在放权和激励机制上，王健林很有魄力，有效保证了职业经理人团队的稳定性和发展空间。

第一，王健林敢于放权，并给职业经理人巨大的成长空间。

作为庞然帝国的掌门人，王健林懂得放权。在王健林身后，是一群在各个板块铺陈布局的得力战将，包括前面提到过的丁本锡、齐界、张霖等人，这使得王健林把更多的精力用于运筹帷幄，掌舵航向。王健林这样描述自己的状态：“不是事无巨细都管……我现在的任务就是去设计创新产品，跟集团内几个研究员一起工作。”而在各个子公司，王健林和他的家族成员也都不在高层任职。在万达，只要有能力，就不怕没有施展的机会。

第二，健全而有效的经理人激励机制。

人就是钱，人就是事业。王健林对此深有体会，视人才为万达的第一资本，并提出涨收入、长本事、涨幸福指数的人才激励机制。万达员工收入水平对应所在行业，在中国企业中绝对领先，万达高管不仅收入高，总经理以上高管还有股票期权，股票期权有效解决了职业经理人短期化行为，将企业前途和高管深度捆绑在一起。比如丁本锡，任万达商业地产董事长，万达商业地产上市后，管理层合计持股 3.58%，市值超 60 亿港元，其中丁本锡持股市值超 20 亿港元。在“权”与“钱”的双重激励机制下，万达的高管团队一直比较稳定。

第三，高度重视制度建设。

与很多伟大的企业家一样，王健林也十分重视制度建设。万达管理制度的指导思想是：靠制度管人，不靠人管人。王健林称，“万达建立了完善的制度体系，现在每两年修订一次制度。制度修订是万达的大事，从我开始到总裁、副总裁以及各个部门全部参加，每年 9 月开始修订，12 月完成，历时 3 个多月”。

第四，竭力摆脱家族化阴影。

在传统家族制企业中，制度最大的敌人就是“人情”。为了杜绝“人情”给企业带来的伤害，王健林不允许亲戚在万达工作，他说：“这真的很难，因为我是个重感情的人。有时候，我只能送钱给亲戚，让他们另做生意，但有一条，绝不能与万达有业务联系。”王健林充分给予职业经理人当家做主的信心，同时通过制度建设为万达的传承做好准备。另外，王健林也希望以此摆脱万达是家族企业的弊病，以利于万达的国际化进程。

第五，建立“强势董事会”。

王健林一方面通过激励和制度约束建立高效的职业经理人团队，另一方面对传承给职业经理人并保障家族权力也有一套自己的想法。他主张：“职业经理人谁好就谁来，只要维持一个强势董事会就可以。”王健林还认为，在自己离开以后，要想保持董事会的强势，万达就必须优化股权结构，并引入具有一定力度的高管团队持股，助力董事会建设。王健林曾说，最好的公司治理模式是有大股东加上一个优秀的职业经理人团队。而从目前来看，万达集团的未来或许呈现这样的高层模式：王思聪做大股东 + 强势董事会 + 职业经理人接班。

这将更有利于万达的开放式发展模式，也可能成为中国公司治理历史上的一个十分有益的探索。

万达学院，从内部培养人才

在用人上，王健林一直是内外兼用。当内部人才缺乏时，就从外部引进合适的人才；当外部也没有需要的人才时，就从内部培养。为了从内部培养人才，王健林专门开设了万达企业大学——万达学院。

万达学院的成立不是王健林一时的心血来潮，这里面有其渊源。万达学院成立之前，如果问在万达的所有部门里，哪个部门是王健林最重视但又批评得最多的，那答案一定就是人力资源部。王健林对人才的要求之高在业界众所周知。尤其是对于商业地产，王健林有着严苛的人才标准："商业地产不是会搞住宅就可以做，工程施工在商业地产的链条中只是一小段，仅仅商业地产的规划设计就难度很大；做零售业的人才也不一定玩得转商业地产，商业地产的招商，更多的是业态的配比，是零售、餐饮、娱乐、文化、体育等业态比例的合理设计，因此商业地产需要的是多方面的专业人才，最好是复合型人才。"

这样的高标准、严要求让人力资源部在招聘时费尽了力气，也让王健林一直耿耿于怀。直到有人一句话点醒了他："中国最顶尖的商业地产人才几乎都到万达来了，你还到哪儿去挖人才？"王健林顿时恍然大悟：从此对人才的战略有所调整，从外部"挖人"向内部培养进行转变。就这样，万达学院应运而生。

万达学院筹备于 2010 年，2012 年正式开学。该学院位于河北省廊坊市，占地 200 亩，总建筑面积 12.8 万平方米，全部建成后可同时容纳 3000 名学员。

万达学院配备有一流的教学服务实施，包括教学楼、行政楼、室内体育馆、室外运动场、企业展览馆、宿舍、餐厅等。作为一所涵盖了各种级别、标准、形式和功能的中高级员工培训基地，万达学院为整个万达集团培养了大量合格的专业人才。

2012年2月6日，在万达学院的开学典礼上，王健林亲自讲授"开学第一课"，他对于学院办学提出了殷切期望，并对万达文化进行了系统的讲解。另外，开学典礼由副总裁、万达学院院长陈平主持，万达财务部常务副总经理李学峰作为讲师代表发言，丁本锡、曲德君、齐界等高层和400多名万达各级员工参加了典礼。

在早期的教学体系搭建中，万达学院采用的是传统的能力素质模型法，也就是说，先通过大面积调研和采样来建立能力模型，然后再设计出基于岗位能力的整个人才培养体系。可王健林后来发现，这种做法属于隔靴搔痒，没有什么时效性。而且，作为行业龙头，万达是一家非常务实的企业，万达学院的校训与教学理念也特别强调"有用"二字，看中的是培训是否能有效帮助学员解决问题，并更快地提高绩效。这也是为什么之后万达学院采取逆向思维，通过解决问题来提升学员能力的原因。

如何理解万达学院所提倡的"有用"二字呢？

首先，是要有人在用。假如学员参加完培训后，学到的东西回去后根本没用上，更没能帮助他完成任务、提高绩效，那么说明培训还是没用。其次，万达学院注重案例培训,每名来万达学院的学员都要带来一个工作中的真实案例，万达学院将这些案例筛选整理，再通过各种教学法将这些案例应用到实际的教学中，帮助学员解决在工作中遇到的各种问题。最后，针对新形势、新业态，不断收集意见和建议，开展新课题研究，并定期以内部学报的方式为整个万达集团的发展提供参考。

根据"有用"的指导思想，万达学院创新出了一套独具特色的教学方法，并将其刊登在了《万达月刊》上：

“万达之道”

这是一档以嘉宾现场访谈、学员互动为主要表现形式的新型跨界教学课程。围绕“生存之道、成功之道、快乐之道”这三大主题，通过员工提问、情景解读、图画历史、看图说话、音乐解析、视频解读、嘉宾访谈等多种方式，来共同探讨、分享万达的组织智慧、文化精髓、管理技巧与工作方法。

“我是潜力干部”

这是一档干部选拔竞聘实战模拟课程，运用了国内外科学的测评技术，如行为风格测评工具DISC、文件筐、案例分析、情景模拟、角色扮演等，并结合实战模拟节目的制作流程、进行全程跟踪拍摄，全方位综合地来评估、选拔潜力干部。

“微电影学管理”

有两种具体的表现形式：一是将日常工作过程中的实践案例提炼出来，由学院自导自演成微电影；二是节选与课程主题比较契合的电影片段，通过学员研讨、讲师讲授、情景模拟以及讲师点评，从电影中学习管理。

“侃大山”

类似“头脑风暴”，就是利用众人智慧解决问题，并将学习成果固化推广实施。

“任务树”

万达学院在教学中应用“任务树”方法论，帮助各部门逐级进行任务分解，更好地把握工作中的难点和要点。其核心是紧盯年度任务，梳理抱怨最多、影响最大的问题，并将之列为培训重点。

“工作逻辑图”

从具体工作案例出发，绘制出完成一项工作的动作流程，理解万达制度在具体工作中的应用，从而解决其中存在的边界不清、缺乏有效指令等业务问题。

“能量集市”

在课堂上，让每个学员都提出自己面对的问题、心中的纠结，然后在所有学员的帮助下，寻找解决的方案。

“解决之道”

通过结构化方法，创造性地解决业务部门中普遍的、影响程度大的、成功经验较少的、具体的难题。

“荣誉之旅”

从工作中的具体问题出发，挖掘根本原因，运用集体智慧寻找解决方案，再结合自己的工作进行落实。

万达学院的教学方式在业内独树一帜，经过万达学院培训的学员，不仅对企业的文化有了深入的了解，掌握了具体的工作方法，还对企业的经营理念有了深入的认识。这对于他们以后的工作，显然是大有益处的。

值得指出的是，万达学院不仅培训学员，王健林还专门与清华大学、同济大学、北京林业大学等知名高校签署了“合作委托培养硕士、博士研究生的协议”。除了万达学院，这些高校每年也都要为万达输送大量的人才。对此，王健林这样说道："我们还要从学校里培养人才，以在清华等大学资助研究生的形式为企业形成后备人才来源。"

铁腕反腐，清除企业里的蛀虫

军旅出身的王健林通过严格的军事化管理，想要保证万达商业帝国屹立不倒，但再严格的制度也无法完全杜绝腐败"蛀虫"对企业的侵蚀。对于各种腐败现象，向来爱憎分明的王健林一直是零容忍的态度。

2015 年 7 月 14 日，万达集团官网贴出一则涉及 18 人贪污违纪的通报，其中有两位地方高管向多家施工单位索贿受贿，涉嫌金额较大，已移交司法部门处理。其余的 16 人因为滥用职权牟取私利也被免职。

王健林性格刚直，眼睛里揉不得沙子，这在业内是出了名的。

在万达内部，有一个流传广泛的故事：有一年，某个城市万达广场开业，由于工期很急，在开业前夜，项目负责人决定用一块地毯遮住一块未完工的细节，结果被巡场的王健林发现，立即将负责人免职。

抓主要矛盾，是适用于很多成熟企业家的管理哲学。对于王健林而言，对于万达这艘庞大战舰的内部管理，其中的一个核心是铁腕反腐，清楚帝国里的蛀虫。

在多个场合，王健林都曾表达了"无法容忍腐败"的态度。在 2015 年 6 月 23 日的一次公开演讲中，他给民营企业开出的良方正是"反腐"，"反腐把国有企业的无边界扩张遏制了，通过反腐把很多官商勾结从市场上扫走了，大幅度降低了市场上的不公平现象"。

对于反腐，王健林还有其一套独特的“方法论”，他说：“万达建立了一支强大的审计队伍，我个人在集团不分管具体业务，唯一管的部门就是审计部，审计部就相当于万达集团的纪委，这个团队忠诚、严谨、能力强，在集团里树立了权威，有很强的威慑力。”

王健林口中的这支审计队伍，就是万达集团审计中心。从万达集团官网公开的历年工作报告中追溯，万达审计部成立于 2001 年，其成员由财务、工程、预算、土水电各专业人才组成。

在组织架构上，万达审计部由王健林直接管理，包括审计计划、审计问题、审计结论、审计建议在内，都要直接向王健林本人汇报，审计相对独立，审计自身没有业务，没有利益相关，不受任何人干扰。

万达信奉审计是一种哲学。没有约束，“人性本并不善”。所以，审计是必需的。在万达，对于腐败和舞弊始终都是保持高压的态势，任何人不得触摸，一旦触摸，发现一起处理一起。

网上曾有一篇名为《揭秘“民间中纪委”！ 27 年来，万达帝国的防腐败秘器》的文章，文中对于万达审计部门的工作机制做了介绍。“审计到各地，都会举行一个全员的审前会议，包括打扫的阿姨、司机都得参加。主要讲解万达审计的作用、审计的依据，以及查处的典型案例、此行的目的等”。文中还列举了一个小故事来说明王健林对审计的重视程度：年初，百余份审计指令需要王健林签署，审计部总经理对王健林说您就别一个一个签了，授权他人代签吧，但王健林最后还是一张张地自己签了。此外，为了打造这支队伍，王健林“除了请内部的人来讲课，每年还会专门请国家各部委专家前来培训”。

从 2006 年到 2013 年，万达集团审计部的工作报告中均会公示当年具体的处分数量，这被看作王健林“铁腕反腐”的标志。但事实上，万达内部的腐败问题并没有得到完全的杜绝。2014 年，审计部的工作报告中首次没有指出具体的处分数量。或许，王健林已经意识到，单靠自上而下的严令、惩罚，无法从根本上阻止腐败在他看不到的企业角落中蔓延，简单粗暴的反腐方式甚至会有损企业内部稳定。

王健林对腐败依然是零容忍，惩罚起来依然是毫不留情，但在万达向文化产业转型的关键节点，王健林也正在尝试改变以往一味雷厉风行的方法，采取更为高明的刚柔兼用的反腐手段。但不管严厉还是柔和，其目的都是一样的，那就是清除万达帝国里的腐败蛀虫。

第 12 章

企业文化：企业经营的最高层次是经营文化

企业文化是企业的灵魂，是企业发展的永动力。王健林高度重视企业文化，将“人生追求的最高境界是精神追求，企业经营的最高层次是经营文化”当作自己经营企业的座右铭。万达能在商业模式不是唯一、不断实现产业转型的前提下，确立竞争优势，最强有力武器也正是企业文化。

核心理念：国际万达，百年企业

“国际万达，百年企业”，这是万达企业文化的核心理念。

王健林对这一理念做出如下诠释：

“国际万达”主要可以理解为企业规模、管理、文化这三点，都要达到国际级标准。“第一，企业经营规模要达到国际级，不能企业收入只有几十亿元，离中国500强都差很远，就号称国际级。第二，企业管理要达到国际级。企业发展好不好，管理水平是非常重要的因素。第三，企业文化也要达到国际级。”

“百年企业”主要可以理解为基业长青和长远利益这两点。“一是基业长青，国际上将存在十年以下的企业称为短寿企业，十年到三十年的企业称为中寿企业，三十年以上的企业称为长寿企业。万达追求的是长寿企业的最高层次——百年企业，希望基业长青，辉煌百年。”

企业文化建设不是一劳永逸的事情，也要随着企业发展而发展。“国际万达，百年企业”，万达企业文化之所以能发展到现在这个高度，当然也不是一蹴而就的，而是随万达的发展、王健林眼界的提高逐渐形成的。具体说来，万达企业文化的发展主要分为以下三个阶段，这三个阶段的侧重点各有不同。

第一阶段：从 1988 年万达创立到 1997 年，这一时期万达的核心企业理念是“老实做人，精明做事”。

现在看起来，这个口号并不算精彩，但在当时却是非常了不起的。因为在那个年代，中国房地产市场比较混乱，没有土地出让制度，销售也不需要许可证，只要有本事搞到地，就可以玩“空手道”，先卖期房，拿到钱后再建房子。

当时万达集团的前身——西岗住宅开发公司成立时间不久，原总经理因为经营不善，使得公司负债百万，王健林主动请缨，下海接管了这家公司。

上任伊始，王健林就坚持诚信经营。1989 年上半年，万达开发大连的北京街小区，开盘前，王健林去销售部视察，销售经理向他汇报说，主管向他交代，卖房子时每套房子要多算点面积。比如，一套 57 平方米的房子就可以当作 60 平方米来卖，如果每套房子加 3 平方米，一千套房可以多卖 3000 平方米。因为当时房地产市场比较混乱，所以这位主管所说的在当时的确是很常见的现象，但王健林却认为这种做法纯属欺骗，并立即制止，要求必须严格按照图纸面积来卖，还严厉训斥了那位主管。

不仅如此，当时的房地产行业整体信誉度偏低，房地产最让消费者痛恨的是虚假广告，在当时的虚假广告排名中房地产往往居于首位。王健林非常注意抓广告诚信，他特别规定，住宅房地产广告必须在总经理签字后才能登报，商业购物中心的广告要拿到总公司营销中心审批。

王健林回忆说：“欧洲有一句谚语说，‘骗我一次是你的错，骗我两次是我的错’。做生意不能骗人，也不能被人骗。于是我提出了一个口号：‘老实做人，精明做事。’‘老实做人’指自身诚实，靠真功夫发展；‘精明做事’就是小心谨慎，不被别人骗。”

第二阶段：从 1998 年到 2004 年，这一时期万达的核心理念是“共创财富，公益社会”。

众所周知，1997 年底，万达开始走出大连，进行大规模跨区域发展，并很快成为少数全国性房地产企业之一，企业发展迅速，实力成倍增长。就在此时，王健林提出，万达在发展好自己的同时，还要回报社会，主动承担社会责任。最直接的做法就是慈善捐助，捐助额要与企业发展规模相适应，企业规模越大，捐助额越大。从那时起，万达每年的慈善捐助额都在增大。此后，万达的社会责任中逐渐增加关爱员工、保护环境等内容，形成了完整社会责任体系。而且，在这一阶段中，万达特别重视诚实纳税，把它也作为企业承担社会责任的主要部分。

第三阶段：从 2005 年到现在，万达的企业核心理念是“国际万达，百年企业”。

2005 年，万达资产超过 100 亿元，年收入也接近 100 亿元，成为国内知名企业。这时，王健林的一些朋友，包括其他公司的一些老板常对他说，别那么奋斗了，歇一歇吧，反正钱也够花，该潇洒了。把发展企业仅仅理解为赚钱、潇洒，这是中国民营企业家普遍存在的“天花板现象”。这引起王健林的深思，为什么会出现这种现象呢？因为很多民营企业家认为企业发展、财富积累的终极目的是个人所有、个人消费，所以在他们觉得赚的钱足够花的时候，就失去了奋斗动力。王健林并不反对把追求个人享受作为企业发展目的之一，但他却不会这么做。这一时期，万达要继续发展，就要提升企业文化。经过多次讨论，万达上下统一思想，提出“国际万达，百年企业”的口号。

从王健林对万达企业文化的三次更新，不难看出万达企业文化建设与时俱进的特性。作为万达的掌舵人，王健林无时无刻不在探索企业的发展之路，而且始终怀有企业文化主动更新的意识，从不让过时的企业文化束缚万达的发展。正因为万达的企业文化做到了与时俱进，适应了商业环境的变化，才使王健林在新的商业环境中获得一个又一个的成功。

敢于创新，创新是企业前进的驱动力

创新是企业永恒不变的主题，没有创新就不会有发展。从某种角度来说，创新是所有优秀企业的核心。

创新的关键是能够构建一套规则和机制，而文化则是这种规则和机制的灵魂。即使是同一个行业内的企业，创新的机制也会差别很大，而企业文化则是这种机制的决定因素。比如国内的华为与中兴，是两家都很优秀但企业文化迥异的公司。两家公司都重视创新，因为在通信制造这个行业，没有创新肯定无法生存下来。华为推崇以目标和业绩为导向的“狼”文化，非常生猛；中兴则倡导以稳健和人本为导向的“牛”文化，也取得了极大的成功。

企业想要发展，就要实现不断的创新，和华为、中兴一样，万达集团也有自己的创新文化，万达就是在不断的创新过程中，才能发展到现在的规模。

王健林的确是一个勇于创新的人。2000 年，宏观形势一片大好，万达在国内住宅地产业做得是风生水起，但王健林却出人意料地转投商业地产，以至于许多人都认为他是昏了头，但王健林却很清楚自己要做什么；2005 年，万达商业地产如日中天，万达广场开一家，火爆一家，王健林又别出心裁转型文化产业，搞起了万达院线……

尤其是在 2016 年，当中国房地产产业逐渐退潮时，靠商业地产起家的王健林又采取了新的创新策略：用万达颠覆万达，寻求革命性的转型，来创造新的未来。

具体创新构想是，改变以往商业地产的发展思路，未来建万达广场，主要让别人投钱，而万达主要做软性服务，包括选址、规划、设计、建造、招商、运营、管理等，万达和投资方按 35：65 分成。

此种模式被王健林称为“轻资产模式”，万达将以此轻装上阵，几乎是无风险、快速滚动发展。

万达说到做到，在 2016 年新开业的 50 多个万达广场中，有一半属于这种“轻资产模式”，而万达广场整个开业数量也因此提升一倍。这样的速度，宛如大象跳舞，让人惊叹不已。

王健林清楚，每一次创新，都是企业自我更新的过程。这就好比鸡蛋，从外向里破叫灭亡，从里向外破则是新生。

成功者最难的是不断创新，持续成功，因为这意味着自我否定、自我超越，是对人性的一种极大挑战，因此是非常困难的一件事。所以，管理学上才有“总裁生命周期”的说法，认为一个将企业带向成功的领导人如果故步自封、墨守成规，那么，最终也会将企业引向失败。

但王健林身上似乎并不存在“总裁生命周期”。在穿着上，作为超级富豪，王健林一年到头都没有太大变化，永远的白衬衫搭配深色西装，但对于企业的创新，王健林的想法却一直层出不穷。王健林表示，“我的商业理念和人生哲学就是四个字——‘创新’和‘坚持’。创新，要敢于想别人不敢想的事，敢于做别人不敢做的事。就是永远做别人没有的东西，人无我有，这样，你就有定价权，或者超高的利润。坚持，先行者绝大部分会成为先烈，只有少部分会成为先进。很多人会死掉，但是要坚持，不怕失败，可能经过多次挫折就会摸索到一条正确的道路。”从万达的四次转型到积极拥抱互联网，王健林始终认为，创新才是企业向前的原动力。

万达从一家地方性公司成长为如今的世界级企业，用了近 30 年的时间。在很多人的印象中，这样的成就已经很难令对手望其项背，但对于已经将创新融入自身和万达血液中的王健林而言，每一个阶段都是新的开始。

坚守诚信，万达企业文化的核心特点

诚信是一个古老的话题。《论语》里，大弟子子贡问孔子治国之道，孔子讲："治国要义有三，足食，足兵，民信。"子贡问："如果不得已，要在这三者中去掉一个，那么先去哪一个呢？"孔子回答："去兵。""再去掉呢？"孔子回答说"去食"，最后留下民信。孔子接着说了句名言："民无信不立"。

万达经营 30 余年来，一直把诚信当作核心价值观来抓。创业之初就提出要"老实做人，精明做事"的经营理念，并根据实践不断提升这一理念。万达曾经将近百名总助级以上骨干集中到大连，以无记名投票方式，选择大家最认可的企业价值观。投票结果，诚信排在了第一位。由此可见，诚信已经在万达员工心中扎下了根。

做房地产行业，最担心的就是建筑质量出问题，这是最大的失信，因为建筑质量不仅关系着使用程度，更关系着生命。

但是，在房地产行业刚刚兴起的二十世纪八九十年代，许多房地产企业却忽略了这个问题，即使一向以严谨著称的韩国，也出现过因建筑质量不合格而致人死亡的事件。

有段时间，因为业务关系，王健林经常去韩国出差，有一次去的那天，正好发生轰动世界的汉江大桥垮塌事故。韩国首都首尔市连接着汉江南北两岸的圣水大桥中间一块长达 48 米的桥板忽然坍塌，正在桥面上行驶的一辆公交车和几十辆轿车纷纷坠落，掉入汉江，桥板还砸中了一艘正在经过的船只。该事件造成三十多人死亡，几十人受伤。

听说这次事件后，王健林深受震撼，他沿着汉江溜达了2个小时，看了6座桥，发现许多桥的质量都很差，混凝土不严实，上面是密密麻麻的“蜂窝”。

无独有偶，也是差不多在那一时期，王健林还从韩国电视上看见，著名的三丰大百货大楼垮塌事故砸死500多人，董事长全家被抓，还赔偿全部家产以谢国人。

一连两次建筑坍塌事件，给王健林提了个醒，他从此把质量看得更重，甚至曾开玩笑说，紧抓质量，“将来不至于把我抓走”。

在万达的发展历程中，有三个事例能特别说明王健林和万达人对诚信的高度重视。

第一个事例发生在1991年，当时，万达在大连拿到一个开发民政街小区的项目，王健林想要把这个小区的质量做得好一些，当时国家质量标准有国优、省优、市优、优良和合格五个等级，王健林的目标是争取把每一栋楼都做成市优以上，于是他便跟四家施工单位商谈，但很快被告知，这四家施工单位都不愿意干。王健林觉得很奇怪，他们便说了一个道理，按照政府的相关规定，市优产品，每平方米的预算只增加2元，省优只增加4元奖金，而实际上，真正做到市优每平方米的成本增加10元，省优则增加20元。所谓慢工出细活，要做到市优、省优，就要增加各种成本，还要细干，难怪施工单位都不愿意，他们认为，这是费力不讨好的事情，是谁干谁赔钱的。

得知详情后，王健林并没有妥协，他决定打破政府规定的框框，做成市优，1平方米万达补贴10元，做成省优，1平方米万达补贴20元。这个决定充分调动了四家施工单位的积极性，工程做得非常认真，结果小区做完以后，有六栋被评为市优，两栋被评为省优，还被评为1991年辽宁省样板工程。

第二个事例是在1996年，当时，万达集团率先在全国房企中提出三项承诺：

（1）住宅工程保证不漏，发现事故赔偿3万元；

（2）保证面积不短缺，如果发现面积短缺赔 3 万元；

（3）买了房子到竣工收钥匙的 60 天做出判断，要与不要可以随意换退，没有限制。

这三项承诺提出以后，在全国房地产行业中引起了轩然大波，很多行业对手纷纷表示不满，认为万达此举是想出风头，是恶意竞争，但消费者对此却是一片叫好。

“三项承诺”首先在长春某小区试行，由于执行到位，管理严格，小区的渗漏率确实很低，几千套房子中只有几套出现渗漏，总退房也才不到 10 套。

试行成功后，万达将这“三项承诺”在所有房产项目中予以推广，大大促进了万达质量的进步和房地产销售的大幅上升。

第三个事例发生在 2003 年，万达当时在沈阳太原街开发的万达广场，设计产生严重的失误。结果，买了商铺的 300 多户商家，回报率极低，甚至有些商家的投资回报率为零。这些商户很多是贷款投资的，不满意万达，便联合起来与万达打官司。虽然市、省两级人民法院一审、二审判定都是万达胜诉，但王健林心里却过意不去，他无法眼睁睁地看着这些商户赔钱而无动于衷，于是请来许多专家，为其提出解决方案。有的专家说，内部构造不好，要在几个位置上增加扶梯，王健林照做了。也有专家说，这个地方缺一个盖子，只要能挡住雨雪，生意就会好起来。王健林也照做了。可经过几番折腾，三四年时间过去了，商铺的生意却始终不好。在和管理层反复讨论后，王健林终于意识到，商业地产作为万达今后一个核心的产品，既然有伤疤就应该把它割去，而不是想办法去遮掩。王健林做出决定，从商家手中买回商铺，再将其炸掉重新建设。300 多个商铺，当时卖了 6.1 亿元，而从商家手中再买回来却花了 10 亿，再加上炸掉这个项目和重建新项目的成本，万达共花掉了 15 亿元。不过，这 15 亿元最终换来的是客户对万达的信任，许多商家觉得万达是家负责任的企业，在领赔偿时甚至放弃了，因为他们知道万达还会开发新的项目，就决定用这些钱投资万达的新项目。

这三个事例，大概看上去，万达做的都是赔钱的买卖，但诚信就是这样一个问题，需要你付出比一般的不诚信更多的时间成本、价值成本。在万达的企业文化中，坚守诚信是核心特点。万达之所以有今天，不可回避的一点就是，万达是靠吃亏，靠“做傻事”，靠诚信赢得了大众的信任的。有了诚信这块金字招牌，万达的发展自然就顺风顺水。

带头环保，始终以绿色建筑为目标

王健林立志将万达集团做成中国民营企业的代表和典范，因此，他从不满足于追求某个方面先进，更强调整体的优秀。地产项目，要在整体上优秀，环保自然是一个必须考虑的问题，在做地产时，王健林也始终将环保放在首要的位置上。

早在 1999 年,万达开发的大连雍景台项目,就是全国最早的节能住宅之一。当时，国家虽然还没有出台建筑节能的规定，但万达已经采用了节能外保温技术，使雍景台的节能率超过 65%。大连的冬季，零下十几度很常见，但雍景台住户冬天基本不用采暖。大连万达华府项目采用同样工艺后，小区近 2000 住户中有超过 50% 冬天不用暖气。

2002 年，万达在昆明开发的滇池卫城项目临近滇池，王健林担心对滇池造成污染，就主动要求进行环境评估，成为全国首个进行环评的住宅项目。与此同时，该住宅项目采用污水截流、中水回用（将小区居民的生活废、污水，集中处理，达到一定标准后，用于小区的绿化、灌溉、道路清洗、车辆清洗等，达到节约用水的目的）等措施，基本实现了小区污染零排放。

2003 年，万达在江西南昌开发的百万平方米万达星城项目，首次在中国长江以南地区大规模采用外墙保温技术，获得当时建设部和江西省颁发的“节能示范样板小区”的称号。

自 2009 年住房和城乡建设部颁布最高星级为三星的“绿色节能建筑认证”标准以来，王健林始终把商业项目的节能降耗当作重要大事来抓。

2010 年，王健林狠抓新建万达广场的建筑和机电节能设计，在东北、中部、南方三个地区选择了四个项目做节能试点，效果显著。同年，广州、武汉、福州三个万达广场获得住房和城乡建设部颁发的星级节能认证。

在绿色环保方面，万达遥遥领先于其他企业。从 2013 年开始，王健林要求万达的住宅项目全部实现精装修，这样不仅能节省 30% 以上的装修材料，还能成倍减少建筑垃圾。

多年来，王健林不懈地推广节能设计，争当中国低碳节能先锋。

在设计方面，王健林认为，将绿色建筑确立为目标，是万达实现节能建筑、绿色建筑的首要一步。在明确绿色建筑的建设总目标后，再进一步确定节能率、节水率、可再生能源利用率、绿地率等分项目标，为下一步的具体工作提供基础。

在施工阶段，王健林要求确保设计文件中有关绿色建筑的要求在施工中的实施，以及施工活动行为本身符合绿色建筑评价要求。重点审查建筑材料中有害物质含量控制标准，地方性材料的充分利用，建筑施工、旧建筑拆除和场地清理时产生的固体废弃物的分类处理、循环利用，在施工过程中对施工引起的大气污染、土壤污染、噪声污染、水污染、光污染以及对场地周边区域不利影响的控制。

在制度方面，王健林带领团队制定了完善的节能、节水、节材、绿化管理等相应的管理制度，并通过物业管理措施来实现降低建筑能源消耗、节约资源的目标。

在设备的维护保养方面，王健林要求相关负责人对中央空调、分体空调、冷却塔等设备要进行定期检查和清洗，在通风空调系统的运行过程中，也要定期进行卫生检查和部件清洁，并存留记录。

在楼宇设备自控系统方面，万达是通过建筑设备管理系统的合理监控，来实现降低建筑能耗，保证建筑节能、环保和绿色运营的。

在分项计量系统方面，万达搭建了能耗分项计量的管理平台，不仅实现了能耗的远程实时监测，而且能够打印出任意时间内的能耗分析报告，供运行管理人员参考，从而实现冷机、水泵、风机等能耗设备更加节能有效的运行，并进行能耗数据的分析。

王健林认为，万达环保实践的先行并不仅仅是环保自觉或者是节能自觉，更重要的是找到市场化的道路，使它能产生经济效应。在王健林看来，节能环保是有价值的，是可以产生效益的。

环保最早的确很费钱，怎么做都费钱。但在和国际知名环保公司霍尼韦尔公司进行合作后，王健林发现，使用环保技术，其实是很划算的，大概平均四年就能够收回投资成本。于是，万达就开始自己投资。

从 2012 年开始,万达跟全球 500 强的企业进行合作,设置了智能化的产品，完全是通过电脑来进行运算。在中央控制室，不找一般的工人看表，变成了工程师看电脑。温度让电脑测算，人多放多少度，人少放多少度，下雨放多少度，完全由电脑控制一个广场这种技术大概投资 5000 万 ~6000 万元，但是从效果来说运行非常好。

总之，王健林确立的绿色建筑目标，在很大程度上提高了万达各项目运行管理人员在节能、节水、节材等方面的意识，并且将其付诸行动，真正实现环境保护、资源合理有效利用的目标。万达项目规模在不断发展、数量在不断增多，而其绿色建筑的目标也一直会为社会的可持续发展做出更大贡献。

第 13 章

领袖魅力：气魄，格局，勇气

魅力男人，不止一面。要想了解王健林，不能仅仅通过他的创业史、经营理念以及管理智慧等方面，还要了解他的思维、爱好、对财富的态度以及性格中的最大特点，如此，王健林才会成为一个立体的形象，而不是大众眼中遥不可及的首富或者企业大佬。

政商思维：亲近政府，远离政治

政商关系，在商界是一种最复杂的关系。对此，知名企业家冯仑曾在他的《野蛮生长》中用“离不开，靠不住”来描述，一语道尽传统政商交往的无奈与艰险。政商关系，无疑是任何一个国家中最重要的关系之一，在相当程度上反映着一个国家的社会政治和经济生态。政商关系分寸的把握，对于商人而言，是门艰深的学问，尤其是在中国。王健林认为，对中国企业家来说，处理好政商关系比读哈佛博士后还要困难。

对在中国做生意的政商关系，王健林的确有着深刻的感悟。在中国，“红顶商人”这个身份一直被津津乐道，徽商胡雪岩是“红顶商人”的典型代表，政商两栖身份让他的生意顺风顺水。有人说王健林是“当代胡雪岩”，但王健林对此却不以为然：“我觉得他对我没有太多借鉴的。”王健林也不欣赏香港的企业家，认为他们只是依靠天生的商业感觉，没有学历，不是靠组织体系和文化挣钱。

2012 年 9 月 8 日，王健林被邀请在哈佛大学发表演讲。当天，哈佛的听众并没有因为他取得的卓越成绩而口下留情。有一位华裔学生当场发难：“您在经营过程中跟政府有很多关系，你是如何处理这种关系的？”

该学生的提问牵涉政治，比较敏感。但王健林却直言不讳，他告诉在场听众，他处理官商关系的秘诀就是“亲近政府、远离政治”。

王健林对这八个字是这样解读的，“要走市场，搞自己的商业模式，但我也不赞成远离政府，在中国我觉得远离政府太假了。你不理政府不理党，显然太假了”。王健林认为，万达之所以能获得超越发展，是因为它能做“国企不会干、民企干不了的事情”。万达所做的很多项目，国企没有相关的能力与人才；而动辄几十上百亿元的投资，对民企门槛又太高。

处理政商关系时，企业家要“亲近政府”，这是比较容易理解的。因为一家企业的产生、发展、壮大，都与政府有着紧密不可分割的关系，如登记注册、审核资产、政府的扶持政策及提供的企业所亟须的服务、必备的一系列政府报批手续等。可以肯定地说：在中国，一家企业想要游离政府之外，自行发展，那几乎是不可能的。王健林提出“亲近政府”，应该是基于这么一种认识：政府是国家的一部分，是政策、路线、法律的执行者，“亲近政府”意味着尽可能地利用既有的规则实现资本利益最大化。

至于“远离政治”，又该如何理解呢？在某种意义上说，规定生产关系就是“政治”的全部内容。王健林对此有着清醒的认识：以规定生产关系为内容的政治是国家垄断的场域，“远离政治”意味着一家企业承认和尊重国家的自主性，不去企图影响政治。

王健林“亲近政府，远离政治”的看法与马云主张同政府“谈恋爱，不结婚”的形象说法颇有异曲同工之妙。按马云的说法，中国政府掌握强大的经济资源，任何中小企业要想生存，必须与政府打交道，所以阿里要与政府“谈恋爱”，但政府人事更迭快、变数多，因此阿里又要避免与政府“结婚”、避免成为“一家人”。

2008 年，万达集团将总部从大连搬至北京，坐落于大连市中心的万达大厦大部分楼层则被卖给当地其他企业做办公楼，只保留了顶层的万达地产大连项目办公区和13楼的万达集团党建基地。

万达地产大连项目办公区的墙上至今还挂着一张照片，上面题写着王健林说过的一句话："没有共产党就没有改革开放，没有改革开放就没有民营企业，没有民营企业就没有万达的今天。"照片上的王健林作为十七大代表，正在大会上发言。照片被放大以后，几乎铺满了一整面墙壁，这当然不是一种炫耀，而是表明王健林对十七大代表身份的高度重视。

13楼的万达集团党建基地也有着非常重大的意义，主要就是在政商关系方面。于丹是13楼的党建基地办公区维护者。整层楼面积有1300多平方米，共划出4个30平方米左右的房间，陈列着万达集团过去20多年的发展历史，其中还包括万达集团的各种党政建设成果，尤其醒目的是王健林和多位国家领导人的合影。2008年时，这层楼的价值已达4000万元。"你能想象到吗？价值这么多钱的一层楼只是陈列了各种照片和政府发放的奖状：说明董事长对党政发展的重视。"于丹说。

总部搬到北京后，万达又在靠近北京的廊坊，投资7亿元成立了万达学院，占地面积300亩左右。万达学院的相关负责人说，学员宿舍标准就达到三星级以上，每年培训党员和员工80万人次，培训的主要内容之一就是政府政策解读。"这种手笔全国没有第二家"。一位已离职的万达总部员工也表示，这个基地很好地体现了王健林及万达集团与政府间良好融洽的关系，"了解政策，紧紧跟随党的步伐，搞好政商关系，是万达发展的基础"。这名员工透露，王健林几乎每天都要拿出一定时间阅读党政报刊，研究政策方针。的确，17年的军人生涯以及转业后在区政府、国企的工作经历，让王健林深谙政府之道。他对大政方针、行业趋势、发展热点，始终抱有远超普通中国商人的热情。

在转型文化产业之前，在万达北京总部，"欢迎某领导莅临指导"的字幕每周都会出现在电子屏幕上。王健林说，万达每年所做的二三十个商业地产项目全部来自政府邀请，竞争的城市有 100 多个，但还没有这么多能力，只能筛选其中 30% 的项目进行开发，现在稍微贵一点儿的地方就放一放，放一放他着急了，可能第二年又把价钱降下来了。

王健林无疑是最懂政治的企业家之一。经商多年，王健林有一个习惯始终未曾改变，那就是每天阅读党政报刊。万达发展过程中的大部分决策，也都可以与最新的党政方针结合起来。比如，他将万达模式的复制路径与官员追求政绩的心理完美统一，并发挥得淋漓尽致，他解释说："从拿地到开发，我们能实现在 18 个月内开一个万达广场。对于五年一届急于出政绩的地方政府来说，万达模式是再受欢迎不过的了。"

音乐达人："企业家中的 K 歌之王"

与儿子王思聪爱玩电游不一样，王健林最大的爱好除了足球外，就是唱歌，而且唱得很有水准，被外界誉为"企业家中的 K 歌之王"。根据统计，"王健林演唱视频"的网络点击量在全球已突破了 30 亿次。

美国《财富》记者惠特福德曾经专访过王健林，他在文章中写道："他爱卡拉 OK，而且是个唱歌高手。他的歌唱水平很让我吃惊。不唱歌的时候，他就一直向台上的人献花。他很投入整个过程，表现得非常和蔼、彬彬有礼。"

王健林唱歌的舞台主要是万达每年的年会，万达年会的压轴节目之一，就是王健林的引吭高歌。王健林的声线酷似台湾著名歌手伍思凯，在公司内部被称作"伍思凯原声重现"，另外，王健林对张宇、刀郎等擅长飙高音的沧桑型歌手的歌曲也是情有独钟。据相关人士爆料，为了能在表演时达到最好的水准，每次演出前，即便有再多工作，王健林也会在自己家的地下室里认真练习，为此，王健林还专门添置了一套亚洲顶级的 KTV 设备。

在万达年会上，王健林演绎过《一无所有》《向天再借五百年》《霸王别姬》以及《西海情歌》等经典曲目。

在选歌曲上，像《西海情歌》《父亲的草原母亲的河》等民族歌曲比较容易理解，这和王健林的年龄以及生长背景有很大的关系。王健林在川蜀之地长大，从小熟悉的环境是高山深谷、少数民族。所以王健林一直爱唱蒙歌、藏歌，而且相当拿手。

至于选择崔健的《假行僧》《一无所有》等摇滚歌曲，这是源于王健林性格中的叛逆因子。2016 年 1 月 16 日，万达年会上，王健林一身西装，脚尖随着节奏敲打着舞台，放声高唱《假行僧》:“我要从南走到北，我还要从白走到黑。我要人们都看到我，但不知道我是谁。”2017 年 1 月 14 日，万达年会在合肥举行。年会现场，王健林再次演唱了崔健的歌曲，而且是传唱度最高的《一无所有》。王健林的台风依然稳健，当唱到副歌高潮部分“你何时跟我走……”时，年会现场气氛瞬间达到高潮，台下欢呼声几乎压过了歌声。

总之，作为一个强势的企业人，王健林喜欢的歌曲也多是偏向于霸气的，最具代表的就是他演唱的《向天再借五百年》，当听到他唱“做人一地肝胆，做人何惧艰险，豪情不变年复一年”这一段时，结合他的创业经历，给人带来的冲击感是专业歌手也做不到的。

不仅能唱霸气的，王健林有时也会唱一些温柔的歌。比如伍思凯的那首《最爱是你》和张宇的《单恋一枝花》。这样带有感伤情绪的恋爱歌曲，和王健林的形象似乎不搭调，但合在一起，却能让听者产生很不一样的特殊感觉，或许对于王健林这样一个有故事的男人，唱什么歌，都会有不一样的、能触动人心的地方吧。

在看了王健林万达年会献唱视频后，网友纷纷评论，“想想，人长得帅，

图 13-1　好莱坞著名媒体 The wrap 官网首页上王健林唱歌的视频

又有钱，唱歌还如此厉害，真是醉了”。也有人表示，“王健林的唱功了得，真假音切换自如，惊艳全场，那套顶级的 KTV 设备不白买啊”。还有网友打“情怀牌”称：“我们都欠王健林一场演唱会”，更有众多网友呼吁：“让王健林上春晚唱摇滚。”

被网友呼吁上春晚，王健林对此有何感受呢？当有记者把这个问题抛给他时，他真诚而幽默地表示，感谢网友的厚爱，感谢大家对他唱歌的认可，自己的摇滚能给大家带去快乐，自己也是很高兴的。不过，“我都赚这么多钱了，可不想去抢别人的饭碗啊！年会和自己的员工一起，唱几首歌，自娱自乐一下，热闹热闹就行了。我可不是什么‘K 歌之王’，我给自己的定位始终是个企业家”。

王健林的话自然是正论，但对于唱歌这个爱好，相信王健林会一直保持，也一直会是大众津津乐道的话题。

心怀感恩：首富魅力，仁者无敌

出身军旅的王健林至今还保持着军人似的挺拔身姿，头发平整。深色西装搭配紫灰色领带，是他一贯的穿着。坦诚，有问必答，是王健林留给很多人的印象。

王健林外在霸气，但内在柔软，重情重义。有一次，王健林到伦敦出差，一位移民到英国的原下属接机，王健林听说他生活困难，当场掏出了身上所有的钱。偶然在电视上看到可怜的小孩，他会让手下去捐款。看过电影《血钻》之后，他再也不戴钻表，因为每一颗钻石可能都沾着矿工的鲜血。

王健林说最初的想法只是赚钱，让家人生活得更好，如今更希望能留下些什么，比如一家世界量级的公司，以及一位真正让人尊敬的企业家、慈善家。王健林曾经发下一个宏愿，要做中国最大的慈善家、世界级的超级慈善家。

事实上，在慈善事业方面，王健林也的确是大手笔不断。

一、重视社会慈善捐助

王健林的慈善之路始于 1989 年。当时，万达公司才刚成立两年，资金尚不宽裕。但是，当王健林得知大连西岗教师幼儿园要建立，却缺少资金的消息后，就咬牙从公司并不宽裕的现金流中拿出 100 万元，投入到该幼儿园的建设中。100 万元现在看来不算大数目，但在当时却不算小，“相当于现在的 3000 万元左右”，王健林表示。

1992 年，王健林又捐款 280 万元将大连人民广场的硬覆盖改建成了草坪。事实上，当时并不需要 200 多万元购买草坪的灌溉设备，如果是在国内买，只要 70 万元就能搞定，但王健林认为慈善不能打折扣，因为国内的设备使用年限很短，而国外的设备不仅能保证 30 年使用年限，还能电脑操控。为此，王健林愿意多掏 200 多万元。

1994 年，万达捐款 2000 万元建设大连西岗体育馆。2000 万元，即使现在看来，也不是小数目，可为了慈善事业，王健林痛快地将这笔钱捐了出去。

2008 年 5 月，四川汶川发生大地震后，王健林代表万达集团前后捐款 3.5 亿元。2010 年 4 月，青海玉树地震发生后，王健林又捐出 1 亿元。

……

从万达捐助史上我们不难看出王健林的大手笔，而这也正是王健林社会责任感的具体体现。

二、捐资兴办教育

教育是国家百年大计，王健林将提高教育水平作为万达慈善事业的重点之一，持续大手笔投入。1993 年，万达集团投资 5 亿元建设了占地 106 万平方米、建筑面积 30 万平方米的大连大学。2003 年，万达集团再次出资 600 万元为大连大学捐建了一座现代化的体育馆。之后，又陆续向大连大学捐资 2500 万元用于建设博物馆和游泳馆。2005 年，万达集团出资 5000 万元捐建了大连华府中学，总建筑面积 1.2 万平方米，配有标准游泳馆、体育馆、网球馆、室外高标准塑胶环形跑道等，硬件设施在同类学校中堪称全国一流。

多年来，王健林已形成一个惯例，万达集团每到一地开发，都会捐助一所希望小学，已先后在辽宁、四川、贵州、吉林、云南等地捐资兴建了上百余所希望小学和中学。

三、成立个人慈善基金会

随着企业规模的扩大，捐款数额越来越大，捐款项目越来越多，万达的慈善事业引起了越来越多的人关注。因此，王健林又有了新的想法，他认为，万达想要继续做好慈善事业，就必须建立一个专业的慈善基金会进行运作。

2014年5月，一条招聘信息在微信热传："招聘基金会CEO，年薪80万~120万元。"这正是王健林基金会的招聘启事。"要找对的人，做对的事。人不好找，找人不是简单的事情，不是找个人就能干的，找到一个自身愿意做这个事情还有水准的比较难。慈善需要一个很专业的团队。"王健林说。

王健林还对外宣布：万达上市之后，他将捐出90%的个人财富注入以其名字命名的"王健林基金会"。

在一手缔造了房地产和文化娱乐两大商业帝国后，2014年，王健林成功登顶富豪榜的首位，拥有财富高达千亿元。与此同时，他还成为2014年度首善。首富和首善花落一家，王健林这一年在中国企业界可谓独领风骚。

2015年9月1日，第九届"中华慈善奖"颁奖典礼在江苏南通举行，经过专家委员会的重重审核和公众的积极投票，王健林获得了"最具爱心捐赠个人"奖，这是他个人第四次获得中华慈善奖。中华慈善奖是中国慈善事业领域的最高政府奖，自2005年设立以来颁发9届，万达集团及王健林八次获奖，是获中华慈善奖次数最多的企业。第九届中华慈善奖评奖周期由过去一年一次改为两年一次，同时表彰名额由往届的100个减少到不超过50个，获奖门槛更高，评审更严格。王健林的获奖，再次表明了他对慈善事业所做出的巨大贡献。

勇者无敌：创业就要敢闯敢干

强大的勇气可让一个人无所畏惧，勇敢向前。所谓勇气，就是要敢于想他人所不敢想、做他人所不敢做、为他人所不敢为，敢于打破一切条条框框，敢于面对一切失败，敢于果断抓住机会，甚至敢于孤注一掷。

或许有人会说，王健林之所以能成功，是他运气好。王健林的运气的确不错，但是运气面前应该再加上“勇气”这个词，因为运气都是伴随着勇气降临的，勇敢的人，运气往往好。

勇气，也是王健林的领袖魅力中最重要的一点。如果他没有勇气跨出创业的第一步，那今天的万达帝国也就无从谈起。

的确，人生需要勇气，且不分年龄。不要说你已经过了敢闯敢拼的年纪，王健林在开始创业时已经 34 岁了，从现代创业者的角度来讲，不算年轻。何况，在选择创业之前，王健林还有一份足以让现在很多年轻人羡慕的履历和前途美好的工作：15 岁入伍，接下来一路升迁，28 岁的时候，已经是一名正团级干部军官了。可他并没有满足，1986 年，他毅然离开部队，成了一名公务员。但是只干了两年，就勇敢地下海创业。

公务员的职位，不仅现在有很多人挤破了脑袋往里面钻，在 20 世纪 80 年代也是如此。王健林毅然决定放弃稳定且有很好未来的工作，足以体现他的勇气。当然，这一点一般创业者也能做到，真正充分体现王健林的勇气的，还是其在创业过程中的经历。他曾这样亲口讲述：

我觉得所谓信仰，其实最重要的就是一种勇气、一种勇敢。我看过中央电视台的一个广告叫“心有多大舞台有多大”，可能很多人觉得这个广告是忽悠。其实做过事业的人尤其事业比较成功的人大多数都有这个体会，只有敢想才有敢干，只有敢干成功的概率才大。试都不试怎么能成功呢？以我自己所从事的事业来看，我现在主要的一个业务是做商业地产，就是做大型的购物中心，城市综合体在中国过去是没人做过的。那我一开始做的时候，很多的失败，我做的前三年打了 222 场官司，由于不会做这个没做对，招商不对，签的合同有毛病，卖给别人的商铺卖了以后别人的回报率不高又来告我们，等等，受尽折磨。……我以朴素的信仰来做这件事情，经过多年的磨难现在终于走出来了。

包括我又做的第二件事情像电影院，我做电影院的时候全国电影院票房3亿元，所有电影院都亏损，可是我觉得它对我的购物中心有帮助需要。而且我就不相信中国人就不看电影，现在万达院线亚洲排名第一，整个中国今年（2012年）大概占16%、17%的份额，可能这个份额还会每年以快的速度增加，还有很多这样的事情。所谓的信仰，我觉得最重要的问题就是敢想敢干，所谓的创新、所谓的企业家最大的特质是什么？就是创造力，就是创新精神。所谓的创新精神那是比较好听的词，其实说俗一点，创新精神就是冒险精神，敢于冒险。古人有一句话“富贵险中求”，无论是富还是贵，不冒险是不能得到的，利益是和风险成正比的，利益有多大风险有多大。求稳利益就最不可能成功，所以要说创业的信仰，我给大家讲，首先胆子要大，敢闯敢干不怕失败。

这是王健林亲身经历后总结出的心得体会。他用超乎常人想象的勇气，在商业大舞台上尽情扮演着一个勇敢者的角色。多年以来，王健林始终勇敢前行，从未停歇，即使在功成名就之后，也是如此。可以说，勇气已经成了王健林身上最具个人特质的领袖魅力。如今的王健林虽已年过六旬，不再年轻，但他的勇气却没有丝毫减少，就像一只勇敢的老狮子一样，驰骋国内外商业市场，不断地创造着属于自己的传说。

第 14 章

成功凭什么——王健林的创业心得

王健林的成功在于脚踏实地、一步一个脚印的同时又敢闯敢试。而他的人生哲学也很简单，总结起来只有四个字，“创新”和“坚持”。

脚踏实地：先给自己定一个小目标，一步步走下去

在《鲁豫有约·大咖一日行》中，有这样一段经典访谈：

鲁豫：我看有一个采访，您说1990年第一次到香港，就站在君悦酒店看对面说有一天我要有对面一栋楼就好了。

王健林：对，1991年第一次跟几个朋友去香港，在君悦的11层平台上，当时觉得太好了，产生一个感悟，我说我这一生奋斗，一定要拥有这栋楼，不是说在香港，因为不敢说，就在内地，我说我一定要拥有一栋楼。朋友们当时还觉得，刚做生意两三年，这一栋楼在香港几十亿，大陆也得几个亿，你还敢说拥有一栋楼。我说如果人生连这个目标都达不到，我们做这一行白混了。

鲁豫：所以人的目标是一点一点变大的。

王健林：是的。

鲁豫：情怀也是一点一点变大的。

王健林：一定是这样。尽管有那句俗话，心有多大，舞台有多大，但是这个心和舞台是一个逐渐放大的过程，很多学生一见面上来第一句话就是我要当

首富，我要做世界最大的公司，这个你得跟他聊，你哪方面做得最大，从什么方面开始，说不出来，我就通过我自己的经历跟他讲。

我觉得有这个想法，想做世界最大，想做首富，这是对的。但奋斗的方向，最好先定一个能达到的小目标，比方说我先挣它一个亿，你看看能不能用几年能够挣它一个亿，你是规划五年还是三年呢，应该到了一个亿，我再说下一个目标，我奔 10 亿、100 亿。

鲁豫：这是你当初的第一个目标吗？先有一栋楼或者我先赚一个亿？

王健林：先赚一个亿，那时候一栋楼还不止一个亿。我在公司里提的目标是三年目标做到一个亿，当时公司很多同事还是觉得不可能实现，我记得很清楚，马上就有一个人站起来说，你这个经理你这是说胡话呢，我们现在一百万都没有，怎么能做到一个亿，我说这是个目标嘛，定个目标咱们去奋斗，做到了不是更好，做不到，挣了八千万，咱也挺乐呵，挣了五千万不也挺好嘛。

王健林的“小目标”之说一经传出，网友纷纷开启刷屏模式，众多段子手也纷纷上线：“人生最遥远的事莫过于王健林的小目标和马云犯的错误”“先定一个小目标，比方说，我先挣它个一百块”“先定一个小目标，比方说，我先瘦它个 100 斤”……

对王健林来说，1 个亿确实是个小目标。《2016 胡润全球富豪榜》显示，王健林家族以 1700 亿元人民币的财富重夺中国首富之席，相当于完成了 1700 个小目标。

其实，互联网上之所以对王健林的“小目标”有众多吐槽、恶搞，主要是因为把关注点放在了 1 个亿上，而忽略了王健林说这段话的重点：先给自己定一个能达到的小目标。

有的人也有远大的抱负，有清晰的目标，但是，因为实现目标有太长的路要走，因此总会产生懈怠乃至畏惧的心理。

所以，为了能让自己更好地实现最终目标，我们需要学会将目标分解，化整为零，通过完成一个又一个的小目标来不断激励自己，将长距离划分为若干个距离段，逐一跨越。

一位美国作家讲过一个故事：当年我与出版商签订合同写一本书，这可是我第一次写书。我总共有6个月的写作时间，所以，在这半年的工作日程表上，我每天都写着“写书”两个字。

然而，6个月很快就过去了，我的书却并没有写出来。在我的请求下，出版商又给了我3个月的时间。可就在这3个月的时间内，我的工作日程表上仍然天天写有“写书”两个字，但书却仍然没有写出来。最后，书商无可奈何地又给了我3个月时间，不过这次要是再写不出来，那可就得按合同赔偿出版商损失了。这下，我可真不知道如何是好。

幸运的是，我遇到了畅销书《服务于美国》的作者卡尔·阿尔布雷希特，他给了我一个指点——化整为零。他问我打算要写多少页书的，我说180页。他又问我总共有多少写作时间？我告诉他90天时间。结果，他告诉我说，很简单，只要我在工作日程表上写上“今天写两页”就行了。我每天写两页，顺利的话，我每天可写上四五页。但不管是哪一天，我至少会写出两页来。就这样，在阿尔布雷希特的指导下，我仅用了1个月的时间就写出了这本书。

再来看体育界一个著名的例子：

在1984年东京国际马拉松邀请赛中，一名之前少为人知的日本本土选手山田本一脱颖而出，出人意料地获得了这场比赛的冠军。赛后，有记者问是靠什么打败强大的欧美对手的，山田本一平静地说了一句话：凭智慧战胜对手。

当时，大家对他所谓的“智慧”都不知如何解读。10年后，已经功成名就的山田本一，在自己的自传中说出了真相：“每一场比赛之前，我都会乘车把比赛的线路认真地看一遍，并将沿途比较醒目的标志记录下来。比如，第一个标志是银行；第二个标志是一棵大树；第三个标志是一座红色的房子……这样一直画到赛程的终点。比赛开始后，我就奋力地冲向第一个标志，等到达第一个标志后，我又以同样的速度向第二个标志冲去。就这样，我将 40 多千米的赛程分解成了几个小目标，轻松地跑完了。最开始，我并不懂这样的道理，我把我的目标定在 40 多千米外终点线的那面旗帜上，结果我跑到十几千米时就跑不动了，因为我被前面那段遥远的路程给吓倒了。”

第一个标志……第二个标志……第三个标志……正是这一个个小目标帮助山田本一获得了马拉松世界冠军。

尽管我们不能像王健林那样将挣 1 个亿看成小目标，但也要树立切合自己行动的小目标。当我们的行动有明确的目标，并能把自己的行动与目标不断加以对照，清楚地知道自己的进行速度和与目标相距的距离时，行动的动机就会得到维持和加强，我们就会自觉地、毫不拖延地克服一切困难，并最终实现自己的大目标。

敢闯敢试：去做起码有一半的机会，不做机会是零

伟大的寓言家克雷洛夫说：“现实是此岸，理想是彼岸，中间隔着湍急的河流，行动则是架在河上的桥梁。”其实，那湍急的河流更像抱怨，它总是发出各种嘈杂之音，干扰人的行动，让人的理想难以实现。

我们每一个人都有理想。理想的好处是能增加人对生活的热情，使我们在接受考验的时候，还能为了理想而勇敢地面对。然而，除非我们以理想为基础，敢于行动，在行动中不抱怨，否则，任何美好的理想都是难以实现的。

而在王健林看来，实现梦想、获取成功最关键的地方也在于行动，而且王

健林将行动总结得很具体，那就是敢闯敢试。敢闯敢试是王健林人生信条和价值观中最重要的一部分，对此，他这样诠释："不管你做什么，一定要有梦想，有目标，敢去做。去做起码有一半的机会，不去做机会是零，所以我最近这些年在各地演讲，经常讲一句话：'什么清华北大，都不如胆子大'。胆子大不是乱干蛮干，但是得有勇气去闯，去试验！"

王健林首次在大连率先从事旧城改造，在东北率先进行股份制改革，在全国率先参与足球，也率先退出足球，在地产界率先开创"订单商业地产"模式，率先尝试房地产信托基金……一次敢闯敢试，容易，次次敢闯敢试，尤其是在已经成功后，却很难。王健林说自己不唯上、不唯书、不唯外国，怎么敢想就怎么敢做，"这是最重要的，没有这一点可能什么事都不行"。

武汉的万达汉秀剧场，需要高精度的水下机械设备，最初只有好莱坞的一家设备公司能制造这种设备。在得知万达决定买入这套设备后，该公司却狮子大开口，把价格故意从1500万元提高到了4500万元，吃定万达只能找他们买。要是抬高到2000万元还可以接手，但4500万元简直就是敲诈了。"他们把我身上的创新精神激活了。"王健林说。一想到接受了这个价格，以后就会处处受制于人，王健林改变了买入设备的主意，而是决定尝试自己研发，"总不会比神五、神六还难吧"，他调侃道。功夫不负有心人，最后，这套设备还真就让万达研发出来了。

王健林敢闯敢试的胆识由此可见一斑。

商业实践中，人们的头脑时常会闪现出新奇的想法和念头，但绝大多数人只是把它当成一种幻想，即使他们知道这些念头中潜藏着巨大的商机，也很少采取行动，因为他们想到了太多的困难和不利后果；或者，他们有了好的想法，也知道是个机会，但却因为胆小而一直犹豫，结果错过了大好时机。

其实，财富的获取者与穷困一生的人之间，往往也只是差那么一点点——前者会把新奇的念头紧紧抓住，果敢行动，敢闯敢试，而后者则会把它轻易地放过。所以，要想收获更多的财富，敢闯敢试是非常重要的。

事实上，不只是王健林，世界上大多数成功的富豪，也都具有敢闯敢试的杰出性格。希腊的“超级船王”奥纳西斯就是这方面的另一个杰出代表。奥纳西斯最初只是个身无分文的难民。为了吃饱饭，他到一条旧货船上打工，可是他并不安于现状。一次，趁着货船停靠阿根廷港口的机会，他果断离开货船，从此就留在了阿根廷。他想在这里闯出自己的一片天地。

在阿根廷，奥纳西斯找到了一份电焊工的工作，每天工作 16 小时以上，还经常加班。为了积累创业资金,奥纳西斯将自己的生活开销降到了最低限度。几年后，他终于有了一定的积蓄，但就在这个时候，全世界爆发了严重的经济危机，各个行业都变得萧条起来。一时间，人们都开始变得十分小心，对投资更是慎之又慎。

可是，这时的奥纳西斯并没有被眼前的一切所影响，依然采取行动，大胆地决定将自己的全部财力都投入到了当时风险最大的海上运输上。

要知道，这个时期海上运输的情况非常不乐观，经济萧条使得这个行业变得像一潭死水。当时，世界上许多造船公司都削减了产量，加拿大的国营运输公司也被迫廉价出售资产，其价值 200 万美元的 6 艘货船，当时只卖到 2 万美元！尽管这样，仍然没有人敢将自己的钱投到这个上面。

奥纳西斯却觉得这是个很好的机会。他昼夜兼程地赶到加拿大，倾其所有买下了这 6 艘货船。当时，很多人都以为奥纳西斯是疯了，他倾其所有买的只是六艘废品。事实却证明，奥纳西斯的决定是正确的，他的孤注一掷成功了。随着第二次世界大战的爆发，海运行业变得空前旺盛，那 6 艘货船成了奥纳西斯的摇钱树，让他很快就成了希腊海上航运业的巨头。

王健林十分欣赏比尔·盖茨的一句话：不要以为取得辉煌成就的人与常人相比有何过人之处，唯一的区别在于当机会到来时他们能付诸行动，绝不迟疑，这就是他们获得成功的秘诀。

生活中常有人做事计划来计划去，总觉得构想不完美，时机不成熟，结果一拖再拖，万事皆蹉跎。其实，再好的新构想也会有缺陷，即使是很普通的计划，如果确定执行并且努力做好，都比没有开始好得多。更重要的是，机会往往转瞬即逝，如白驹过隙，如果你不果断行动，就很有可能会让机会溜走。

无数事实告诉我们，像王健林这样让人羡慕的富豪之所以能够成功，除了他们本身做出的精准判断外，更重要的是因为他们能果敢地行动起来，这就是他们成功的最大秘诀之一。

创新求变：做跟别人完全不一样的，获得超额利润

王健林是商界难得的奇才，有人说，他的成功来自运气，的确，他赶上了中国房地产行业发展的黄金时期，但这点运气不足以说明他在之后取得的辉煌业绩，俗话说，三分天注定，七分靠打拼。王健林的成功，更多是因为智慧和胆识，还有敢闯敢试的拼搏精神和创新求变的企业家气质。

对于创新求变，王健林这样诠释："你要成功，要想不断成功，还想获得更大的成功，就一定要能够求变、求新，不能走别人走过的路，不能做跟别人一样的事情。凡是跟别人做一样的事情，获得的肯定是平均利润率；只有做跟别人完全不一样的事，才获得超额利润。"

2006 年，万达刚进入中国电影产业。那个时候，中国大陆的所有票房加起来不到 10 亿元人民币，几乎所有人都反对王健林，说 10 亿元就算 20% 的利润，也才 2 亿元的利润。每年要投 3 亿元、4 亿元去做，怎么可能收得回来呢？王健林却跟大家讲："现在只是 10 亿元的市场，如果万达带头来做，让这个行业

有钱赚，会激励更多人来做，这个行业可能就做到 80 亿、800 亿，就可能赚钱了。万达院线我总共投了 6 亿元人民币，后期有二三十个影城以后，院线自己有现金流了，每年利润可以支撑自己发展。这个公司现在市值 800 多亿元人民币。”

不只是万达院线，万达在众多领域也都有所创新，包括酒店、旅游、收藏、慈善事业等。

正是这种敢于不断创新的精神和意志，成就了王健林和万达的成功。但凡提到王健林的人，都必定强调敢于创新的个人魅力，也许从一开始，王健林的骨子里就埋下了创新求变的种子。

的确，成功的一个最大秘诀就是创新求变。没有创新的大脑只能说是死脑筋，知识本身是不会创造价值的，只有在人脑的利用下，知识才能够产生力量。而死用知识也成不了大事，只有那些善于开拓创新，开拓别人没有想到而又对社会有用的人才能够成功。

在大自然中，有一种奇怪的虫子，叫列队毛毛虫。这些毛毛虫从卵里孵化出来之后，就成群集结在一起生活。在外出觅食时，它们通常由一只队长带头，其他毛毛虫用头顶着前一只伙伴的屁股，一只贴着一只排成一列或两列前进，这个队伍的最高纪录是 600 只。为预防自己不小心跟丢了，它们还会一边爬一边吐丝。等到吃饱了叶子，它们会排好队原路返回。

法国昆虫学家法布尔曾经仔细研究过这些毛毛虫。他先是把队长拿走，但后边的一只毛毛虫会迅速补上，继续前行；他又把它们的丝路切断，虽然会暂时把它们分开，但后边的列队会到处闻，到处找，只要追上前边，马上就会合二为一。

在法布尔所做的实验中，最有意思的是引诱毛毛虫走上一个花盆的边缘。毛毛虫一走上去就沿着边缘前进，一边走一边吐丝。令法布尔惊讶的是，这群执着的毛毛虫当天在花盆边缘一直走到精疲力竭才停下来，其间曾经稍作休息，但是没吃也没喝，连续走了十多个小时。

第二天，守纪律的毛毛虫队列丝毫不乱，依然在花盆边缘上转圈，没头没脑地跟着前边的走。第三天、第四天……一直走了一个星期，看得法布尔都不忍心了。终于到了第八天，有一只毛毛虫掉了下来，意外地突破困境，这一群毛毛虫才重返家园。

毛毛虫的错误在于，在一个封闭的思维模式里，它们失去了自己的判断，盲目跟随，进入了一个循环的怪圈。其实，人在有些时候又何尝不是如此呢？

多数人认定的规矩即为常规，然而，能够赢得精彩人生、创造辉煌事业的人，仅仅是一小部分人。曾经有一位社会学者在经过调查后得出结论：凡是能够打破常规、创新求变的人和企业，基本上无一例外都获得了成功。

是的，真正的成功者都如同王健林一样，从来都不会向陈规陋习屈服。正是因为他们敢于打破常规，标新立异，才能在激烈的竞争中脱颖而出，以其独特的个性和才能，获得最终的成功。

坚持到底：就算到了黄河也心不死，搭个桥再过去

古人说：“锲而舍之，朽木不折；锲而不舍，金石可镂。”坚持是推动一切事业的原动力，是成功之本。

当然，不管是什么样的坚持，都不可能一帆风顺，总会遇到各种阻碍。这时候怎么办呢？王健林认为，如果你经过分析认为自己坚持的是对的，就无论如何都不能放弃，要想方设法坚持下去。王健林经常讲一句话：过去讲不到黄河心不死，不撞南墙不回头，我是到了黄河心也不死，可能搭一个桥我就过去了；撞了南墙也不回头，找个梯子我就爬过去了。

万达发展过程中的坎坷与艰辛是常人难以体会到的。然而无论如何艰难，王健林都坚持了下来。对于坚持的重要性，王健林无疑是最有发言权的，他也的确在多个场合阐述过坚持的重要性，还曾经做过一个题为《再坚持一会儿》的演讲，其中有一段，王健林根据自身的经历，对坚持的重要性做了形象的描述：

任何成功，都是不断完善的过程。只有坚持才能得到。就是我们 2000 年，从事商业地产的时候。因为我们自己不懂规划设计，到 2004 年，这三年多时间里，我们当了 222 回被告，打了 222 场官司。整天忙于打官司，所以业务就很难发展了。

我们的同事有的就哭了，社会舆论压力很大，所以在这种情况下，多少同志都劝我，说你看我们的住宅地产做得顺风顺水的，为什么要搞商业地产呢？在这种情况下，我确实犹豫，犹豫过多次，后来我给我自己，也给我的团队定个目标，做到 2005 年底，做满 5 年，我们还是这么跟头把式的，我说咱们就撤！但是就是因为在实践当中，这种坚持，万达推出了我们现在的所谓第三代万达广场的这种设计。

不只是王健林，古今中外，无论哪个领域的成功人士，都有一个共同的特点，那就是有金刚般的超人意志力，有百折不挠的坚持力。

樵夫砍伐大树，纵然砍击的次数成百上千，但让大树倒下去的还是最后一击。有力和无力的区别，勤劳和懒惰的区别，成功和失败的区别，就在于能否坚持。

20 世纪初，在美国亚利桑那州有名男子，找寻一座位于兹默斯顿小镇附近的丰富银矿矿脉。他努力寻找了几年，终于在一座小山的侧向掘出了大约 200 米的坑道。但是，这座掘出坑道的银矿却已被挖掘一空了，他以为没有希望了，就放弃了寻找银矿的计划，过了不久，这名男子郁郁而终。

十年后，某矿山公司买下兹默斯顿地区的几处矿区。这家矿山公司重新挖掘了当年被放弃的矿脉，就在距离废弃的坑道 1 米左右的地点，发现了从来未有的丰富银矿脉。相距只不过一米，却相当于几百万的美金。

当今社会，也不乏这样的人，他们在追求成功的过程中，一旦遇到难点和阻力，就会松懈下来，在困难面前心灰意冷，再无进取之心。与上面故事中的男子一样，在距离成功咫尺之遥的地方停止了前进的步伐。因为缺乏坚持到底的意志，所以成功与他们失之交臂。

其实，每个人与成功的距离是相同的，不一样的只是追求成功的决心，是否能为了成功坚持到底。面对诸如“假矿”之类的阻力或难点，如果我们能像王健林那样，到了黄河心也不死，撞了南墙也不回头，那么，往往就能爆发出巨大的潜能，即使身处逆境、绝境，也能坚持下去。

在快速发展的现代社会，一个人要想成就一番事业不是那么容易的，必须要学会坚持到底，必须像王健林那样，到了黄河心也不死，撞了南墙头也不回，当然，我们不仅要坚持到底，还要掌握方法：搭个桥过黄河，找个梯子爬南墙。如此，掌握了坚持的精神和方法，那么，想不成功都难。

附　录

2015年在台湾大学的演讲实录：谁没有艰辛的过往

2015年4月，万达集团董事长王健林在台湾大学演讲，讲述了在万达创业路上的三个故事和创业初期的三个体会，以下为演讲全文：

为何辞官下海?

我在经商前，15岁就当兵了，从军17年，做到团职干部，遇上中国百万大裁军，就转业到地方政府，当了两年办公室主任。这两段人生都还算成功：我做到团级职务时，不到30岁，很年轻，几十万部队当中最年轻的干部之一；到地方做官员，职务进步很快，很快做到办公室主任，但我在1988年断然辞官经商。具体有两个原因：一是赶上经商热。从1988年到1995年，很多人辞去原有职务“下海”了。如果没有当时的经商热潮，中国今天不会有这么一批优秀的企业家。二是想改善个人的生活。我就觉得，别人能当万元户，我凭能力应该不止万元户。

第一个故事：第一桶金是这么来的

当时遇到的第一个创业难关，就是借钱。第二个难关是拿不到项目。

那时大陆还是“计划经济”，比较落后，拿项目也不仅要有钱，还得有“计划指标”，得出现在当时“国家计划委员会”指标名单上才行。

我只好找到大连一个老战友“借”一点指标，同时付出一点费用。他同意给我几万平方米指标。但是拿了指标，还得去找当时的市领导批地。跑了左一遍，右一遍，没人理。市领导被我找烦了，出了一个题目：“你不是想开发吗？把市政府的北侧那块地给你”。

市政府是一个老建筑，很气派。但它的北侧居住区，房子差，设施差，一百多户人共用一个水龙头，一个厕所，被认为“有碍观瞻”，所以把这片地给我去做。可这个项目改造完，要一平方米1200元的成本，我前面有三家国有公司都不肯做。因为大连市当时最好的房子只能卖到一千零几十元。

我坚持要做这个项目，公司里的很多同志反对。当时我们公司叫“西岗开发公司”，我就说：“开发公司，只有开才能发，你都不敢开怎么能发呢？”为了赚钱，得把这个房子卖到一平方米1500元，后来我们动脑筋，推出来几条创新：

第一，当时大陆的房子没有明厅，一个小过道进去直接就是几间房。那好，我们做一个明厅；第二，当时房子没卫生间，县处级以上干部才允许配一间卫生间。我们没管那一套，每户都配了卫生间，还把木头窗换成了铝合金窗，再加一扇防盗门。房子推出来均价是每平方米1580元。1000多套房子一个月一扫而光。就这样，万达就成为大陆地区第一家闯入了“旧城改造”这一行业的公司；这一单使我们赚到了接近1000万元。就这样，我掘到第一桶金，找到了一个盈利的模式——旧城改造很有钱赚，别人不敢干，我敢，于是在大连就搞开了。

第二个故事：九天九夜没睡觉

再给大家讲一个贷款的小故事。

初期创业，我接下了一个项目，这个工程当时政府干了一半，觉得费劲不愿意干了，转给我的。签完以后突然遇到全国“治理整顿”，贷款就更困难了。为了启动这个项目，我就要去找贷款，需要一笔2000万元的贷款，有土地做抵押，所有的手续都健全，但找了几十家银行，没有一家愿意贷款给我。

因为这个项目是政府转给我的，他们觉得对不起我！所以政府开了一个会议，就指定当时某一家国有银行贷2000万元给我做启动资金。这家银行答应了说“可以”，哎，我一听好事，那我就去找银行行长吧。前前后后找了50多次，每次都和我躲猫猫。我有时候一见到他了吧，他从后门就走了，我在走廊白站；有的时候在走廊里堵着他，他说“好好你这样，你下周二来吧、下周二来吧”；等我下周二去，他出差去了！等等。哎呀！当时就为了拿到这笔贷款，有的时候一去在那个走廊上（因为进不去办公室）一站就是一整天。我想银行八点半上班，我就八点去吧，站着。甚至站到下班六点也不出来。究竟行长是来了没来？还是不在？我也不知道，也没人愿意告诉我这个信息。当时站在走廊里面这种感觉，这种耻辱，我觉得太卑贱了。

除了这家银行，我又去找了另外一家银行，贷款的时候这个人态度倒是不错，但也是不给我贷款。我为了堵到他，曾经跟一个哥们儿两个人就开车到他家楼下。我想，你总得回家吧？那我就在你门口候着；你早上总得要出门去上班，总是能碰到你吧？我俩就在那儿蹲了一个晚上，在车里候着。反正深秋不是太冷，稍微冷了就开动发动机暖和一会儿，为了省点油过会儿再把它关掉。一直等到早上七八点也没见到人进去，也没见着人出来。第二天晚上我说再去堵吧，我这个哥们儿觉得忍受不了，他说太丢脸，无论如何也不能去了。我自己又去待了一个晚上。就是候不着，找不着这个人。其实不是找不着，是他不愿意见你，因为你是民营企业，那个时候民营企业不像今天这个地位。第二觉得你风险大，他不敢放贷给你。放给国有企业亏损了没了，他不承担什么责任；如果放给民营企业可能就要承担责任，我也理解他们。

在这种无论跑了多少趟都找不到办法的情况下，就有人给我出了一个主意说“干脆你就发一个债券”，但是你这得承诺回报，比如两年按照1.4倍，每年20%,1.4倍收回。没想到,推出来以后一抢而光,毕竟20%年回报还是很好的。这个方法真正解决了这个项目的难题,才把我们从濒临破产的边缘给拯救回来。

这中间其实还有个小的故事。我接的这个项目，可以说追悔莫及。当然后来把这个问题解决了，把剩下的老百姓搬走了。但当时真是把我憋得够呛！在1993年初的一段时间，我九天九夜都没有睡着觉，什么安眠药，什么打针就是睡不着觉。到后期整个人都有点精神恍惚,失常了。第十天早上正开着会,“咣当”一头就昏迷在地了。我被紧急送到北京,还找了比较好的一家医院去治疗。我至今还记得那个神经内科的主任姓李的女士，一见我面：“没事，小伙子今晚就让你睡着。”我说你这么大本事？“你放心吧，我们高得很。”其实还是给我吃那些药,可能心理作用,也可能进到医院里了,安静了,我当天就睡着觉了。

第三个故事：3年打了222场官司

在20世纪90年代的时候我们做住宅房地产做得还是不错了，但是有个问题刺激了我：我们公司有两名员工得了重病，一个得了癌症，一个得了肝病，每个员工花了一百多万治疗费。当时民营企业是不可以报销医药费的，你自己有钱你给他报销，没有钱你的员工可能就等死。那我们是花钱给他治疗了，但是也给我一个提醒：如果大量的员工都有了病，再往后发展一二十年大家岁数大了，这公司怎么办呢？我们一定要找到一个安全的、有长期现金流的商业模式。所以我们2000年决定转行去做商业地产，做不动产，做持有物业，不再搞单纯的住宅开发了。

做商业地产的时候，最早因为不懂，造一栋楼，把底层商铺全部卖掉。在初期的三年中，买了商铺的人经营不好，就来告我们，我前三年当了222回被告，虽然只输了两场官司，还是让整个公司疲于应付。成天在打官司，哪儿还有精力经营？客户就是这样，他的出租回报率没拿到理想中的10%、20%就来告我。如果输了，可能很多人就扯着横幅上街上去闹事。

所以我觉得这样不行，得研究新模式。怎么办？在创新中研究了一个办法：提出一个模式叫城市综合体。即做一个商业中心，商业中心旁边可能做写字楼，再做城市的商业街，再做一些公寓。把这些公寓、写字楼卖掉，现金流就有了。这样，就不用卖大楼里的商业铺位了，自己来经营，一下子生意就找到模式了。商业经营旺了，旁边的楼也升值了，现金流问题也解决了，万达从此走向了一条康庄大道。

我自己创业初期的三点体会

第一点叫“敢闯敢试”。就是不管你做什么，一定要有梦想，有目标，敢去做。你去做起码有一半的机会，你不去做机会是零，所以我最近这些年在各地演讲，经常讲一句话：“什么清华北大，都不如胆子大。”这个胆子大不是说让你乱干，但是得有勇气去闯，去试验！

第二是创新求变。你要成功，要想不断成功，或者还想获得更大的成功，就一定要能够求变、求新，不能走别人走过的路，不能做跟别人一样的事情。凡是跟别人做一样的事情，获得的肯定是平均利润率；只有做跟别人完全不一样的事，才获得超额利润。

2006年，万达刚进入中国电影产业。那个时候，大陆地区的所有票房加起来不到10亿元人民币，公司同事们全部反对我，说10亿元就算20%的利润，也才2亿元的利润。每年要投3亿元、4亿元去做，怎么可能收得回来呢？全中国的利润都归你吗？

我说电影院对商业中心来说是不是必须需要，大家认为必须需要。现在又没有人愿意来做。做了挣不到钱，那怎么办呢？我跟大家讲现在只是8亿元、10亿元的市场，但如果我们带头来做，加一点促销，让那个行业有钱赚，可能会激励更多人来做，这个行业可能就做到80亿元、800亿元，就可能赚钱了。

所以我们就带头进入这个行业了，万达院线我总共投了6亿元人民币。因为后期，有20个、30个影城以后，院线自己有现金流了，自己每年利润就可以支撑自己发展，不需要我再投资了。这家公司1月上市，现在市值800多亿元人民币。万达还有很多创新的东西，等着资本市场来检验。

第三是坚持到底。创业一开始可能新点子会比较多，但是这点子一开始可能不成熟。新的模式可能在试行当中会遇到困难，也可能会遇到挫折，没有实现你的预期目标。这时候怎么办呢？如果你经过分析认为自己路子是对的，就需要坚持。我经常讲一句话：过去讲不到黄河心不死，不撞南墙不回头，我不一样，我到了黄河心也不死，我可能搭一个桥我就过去了；撞了南墙也不回头，我找个梯子我就爬过去了。

所有的创业，所有的科研，所有的运动，基本上都是“二八定律”，成功永远是20%以内，失败肯定是大多数。但是正因为有了10%、20%的成功，激励我们这些人希望成为那一个部分。先行者绝大部分会成为先烈，少部分才会成为先进，但是因为有成为先进的可能，所以就去奋斗。如果你有梦想，你就应该去努力，有目标就应该去奋斗，人生一定要给自己定一个远大的目标。大陆有句广告词：心有多大舞台有多大；还有一句话：梦想总是要有的，万一实现了呢？

如果你们想成功，就应该去创业。当然，朝九晚五的规规矩矩的生活也是可以的，但那种人生不精彩。应该勇敢跨出这一步，勇敢地去创业，勇敢面对人生。不管是经商，不管做科研还是绘画，总要给自己一个比较远大的目标为之去奋斗。奋斗过了，达到了，那你就无悔这个人生。你奋斗过了没有达到，你的人生也不后悔。如果没奋斗，什么理想都没有，平平淡淡过一生，这个人生对你来讲实在没有意义了。

王健林·万达极简史

1954 年：王健林出生，4 岁随家人迁往四川省西北部少数民族聚居的阿坝州大金县。

1970 年：王健林参军，进入原沈阳军区守备三师服役。

1978 年：升至排长的王健林被推荐到大连陆军学院学习，毕业后留校，负责后勤和对外培训工作。

1986 年：王健林离开陆军学院，转业至大连市担任西岗区政府办公室副主任。

1988 年：王健林儿子王思聪出生，同年，王健林通过政府公开招聘，成为西岗区住宅开发公司（万达前身）总经理。该年末，公司实现盈利，王健林获得区政府奖励 15 万元。次年，王健林兴建大连南山住宅项目，掘到第一桶金。

1992 年：王健林争取到大连第一批股改企业名额，西岗区住宅开发公司由此转型成为大连万达房地产集团公司，王健林任总经理。几年后，国有股份全部退出万达。

1993 年：万达走出大连，将房地产业务拓展到广州，成为全国首家跨区域发展的房地产企业。

1994 年：大连万达足球队成立，王健林首次涉足足球领域。

1998 年：万达进军成都、长春等多个城市开发房地产业务。

1999 年：王健林退出足坛。

2000 年：万达发展史上的“遵义会议”召开，在历经三天讨论后，上下统一了思想，决定企业战略转型，开始涉足商业地产领域。同年 7 月，第一代万达广场在吉林长春开业。

2004 年：万达院线成立。

2005 年：万达先后成立商业规划院、商业管理公司、酒店建设公司，形成了完整的产业链。

2006 年：打响“三大战役”，上海五角场万达广场、宁波鄞州万达广场、北京万达广场相继成功开业，奠定了万达在商业地产领域的龙头地位。

2007 年：万达成立连锁百货，进军零售业。

2008 年：万达总部从大连迁到北京 CBD 万达广场，标志着万达事业迈上新台阶。

2009 年：万达将文化旅游产业作为公司战略发展方向，投资 200 亿元建设长白山国际度假区。

2010 年：万达集团进行了历史上规模最大的一次机构调整。一是集团和商业地产总部机构彻底分设。二是商管和院线机构调整，真正实现连锁经营。三是项目管理分成南、北区。这次调整，为万达实现实业、资本“两条腿走路”，打下了坚实基础。

2011 年：万达影视制作公司正式成立。同年，武汉万达中央文化区楚河汉界开业。

2012 年：万达收购美国第二大院线 AMC，成为全球最大的电影院线运营商；同年，万达获得经营文化产业的注册批文，在北京成立万达文化产业集团。

2013 年：万达投资 3.2 亿英镑并购英国圣汐游艇公司，并斥资 7 亿英镑在伦敦核心区建设高级酒店；同年，万达耗资 500 亿元打造的“东方好莱坞”青岛东方影都开始动工。

2014 年：总投资超过 400 亿元的无锡万达文化旅游城正式开工。王健林表示：万达有信心把无锡万达城打造成世界级的中国文化品牌，并将在旅游人次、收入规模上与上海迪士尼一较高低。

2015 年：万达院线成功上市，成为中国院线第一股。从 1 月上市到年底，股价涨了 10.2 倍，成为全球市值最大的院线。同年，万达西双版纳度假区正式开业。

2016 年：南昌万达城、合肥万达城相继开业；万达网络科技集团成立，由此，万达集团形成商业、文化、网络、金融四大产业集团，全面转型现代服务业；《万达哲学》一书国内发行 100 多万册，国外发行 20 多万册，创造了国内企业管理书籍的出版发行纪录。

2017 年：在福布斯网站公布的 2017 华人富豪榜中，王健林以净资产规模 313 亿美元位居榜首，财富较 2015 年增长 29.34%，稳居亚洲首富。

2018 年：万达电影年观影人次首度实现 2 亿的里程碑式突破；万达、腾讯、高灯合资丙晟科技公司开业；2018 年胡润百富榜王健林身价 1400 亿元，排名第五。

2019 年：万达电影重组成功；万达体育在美国纳斯达克上市；第 300 座万达广场开业；第 600 家万达影城开业。